독자의 1초를 아껴주는 정성!

세상이 아무리 바쁘게 돌아가더라도
책까지 아무렇게나 빨리 만들 수는 없습니다.
인스턴트 식품 같은 책보다는
오래 익힌 술이나 장맛이 밴 책을 만들고 싶습니다.
길벗이지톡은 독자여러분이 우리를 믿는다고 할 때 가장 행복합니다.
나를 아껴주는 어학도서, 길벗이지톡의 책을 만나보십시오.

독자의 1초를 아껴주는 정성을 만나보십시오.

미리 책을 읽고 따라해본 2만 베타테스터 여러분과 무따기 체험단, 길벗스쿨 엄마 2% 기획단,
시나공 평가단, 토익 배틀, 대학생 기자단까지!
믿을 수 있는 책을 함께 만들어주신 독자 여러분께 감사드립니다.

(주)도서출판 길벗 www.gilbut.co.kr
길벗 이지톡 www.gilbut.co.kr
길벗 스쿨 www.gilbutschool.co.kr

mp3 파일 구성

한자도 소리를 놓칠 수 없죠! 한자의 모든 음독 단어와 훈독 단어를 원어민 음성으로 들을 수 있습니다. 잘 듣고 따라해 보세요.

> **기본 학습용**
> 파일을 한자 번호별로 나누었습니다.
> 🎧 001.mp3 ~ 🎧 315.mp3

음성 자료 듣는 법

❄ QR코드로 듣기 ❄

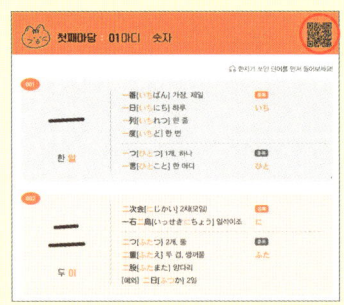 

1. 스마트폰에서 QR코드 어플로 각 마디의 QR코드를 스캔하세요.
2. 스캔이 되면 한자 번호별로 정리된 화면이 뜹니다.
3. 원하는 음성 자료를 터치하면 바로 들을 수 있습니다.

❄ 홈페이지에서 듣거나 다운로드 받기 ❄

 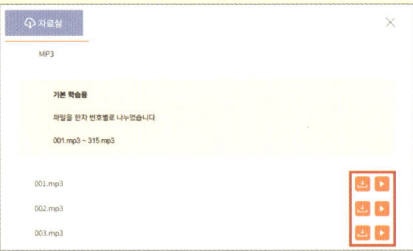

1. 길벗 홈페이지(www.gilbut.co.kr)에 접속한 후, '일본어 기초한자 무작정 따라하기 쓰기노트'를 검색하세요.
2. 해당 도서 페이지에서 자료실을 클릭합니다.
3. 자료실의 'mp3' 항목에서 다운로드 아이콘을 클릭해 파일을 다운로드하거나, 실시간 재생 아이콘을 클릭해 바로 들을 수 있습니다.

쓰면 외워진다!
**먼저 익혀야 하는
기초 한자 315**

일본어
기초한자

무작정 따라하기

| 쓰기노트 |

후지이 아사리 지음

일본어 기초한자 무작정 따라하기 쓰기노트
The Cakewalk series - Japanese Kanji Writing Practice

초판 발행 · 2025년 12월 20일

지은이 · 후지이 아사리
발행인 · 이종원
발행처 · (주)도서출판 길벗
브랜드 · 길벗이지톡
출판사 등록일 · 1990년 12월 24일
주소 · 서울시 마포구 월드컵로 10길 56(서교동)
대표 전화 · 02)332-0931 | **팩스** · 02)323-0586
홈페이지 · www.gilbut.co.kr | **이메일** · eztok@gilbut.co.kr

기획 및 책임 편집 · 오윤희(tahiti01@gilbut.co.kr) | **디자인** · 최주연 | **제작** · 이준호, 손일순, 이진혁
영업마케팅 · 차명환, 장봉석, 최소영 | **유통혁신** · 한준희 | **영업관리** · 김명자, 심선숙 | **독자지원** · 윤정아

편집진행 및 교정 · 정선영 | **표지 일러스트** · 애슝 | **전산편집** · 수(秀) 디자인 | **녹음 및 편집** · 와이알미디어
CTP 출력 및 인쇄 · 금강인쇄 | **제본** · 금강인쇄

- 길벗이지톡은 (주)도서출판 길벗의 성인어학서 출판 브랜드입니다.
- 이 책은 저작권법의 보호를 받는 저작물로 이 책에 실린 모든 내용, 디자인, 이미지, 편집 구성은 허락 없이 복제하거나 다른 매체에 옮겨 실을 수 없습니다.
- 인공지능(AI) 기술 또는 시스템을 훈련하기 위해 이 책의 전체 내용은 물론 일부 문장도 사용하는 것을 금지합니다.
- 잘못 만든 책은 구입한 서점에서 바꿔 드립니다.
- 책 내용에 대한 문의는 길벗 홈페이지(www.gilbut.co.kr) 고객센터에 올려 주세요.

ⓒ 후지이아사리, 2025

ISBN 979-11-407-1596-1 03730
(길벗 도서번호 301242)

정가 14,000원

독자의 1초까지 아껴주는 정성 길벗출판사
(주)도서출판 길벗 | IT단행본, 성인어학, 교과서, 수험서, 경제경영, 교양, 자녀교육, 취미실용 www.gilbut.co.kr
길벗스쿨 | 국어학습, 수학학습, 주니어어학, 어린이단행본, 학습단행본 www.gilbutschool.co.kr

유튜브 · @GILBUTEZTOK | **인스타그램** · gilbut_eztok | **네이버블로그** · gilbuteztok

머리말

기초 한자, 이 책으로 확실하게 정리하자!

한자, 어떻게 공부해야 할까요?

이 책을 펼친 여러분 중에는 《일본어 무작정 따라하기》 시리즈를 아는 분이 많으실 거예요. 《일본어 무작정 따라하기》로 공부할 때는 '한자에는 크게 신경 쓰지 말고 소리에 신경 쓰면서 공부를 하라고 당부를 드렸죠? 소리학습으로 귀와 입을 여는 공부를 진행하셨다면 이번에는 머릿속에 희뿌옇게 남아 있는 일본어 한자와 마주해야 할 시간입니다. 공부하면서 일본어 한자가 드문드문 머릿속에 남아 있을 거예요. 하지만 정리가 안 된 상태로 자꾸 머릿속을 복잡하게 만들죠? 눈으로 보고 대충 무슨 한자인지 아는 것만으로는 한자를 완전히 익히기 어려워요. 쓰는 연습까지 해야 한자를 제대로 기억할 수 있어요. 머릿속을 어지럽히는 한자들을 쓰면서 시원하게 정리해 봅시다!

꼭 알아야 하는 것만 엄선했어요!

이 책에서는 초급 단계에서 필수적으로 알아야 하는 한자 315자를 고르고 골라 정리했어요. 한자 독음도 꼭 알아야 하는 기본 독음을 다루었어요. 한자에 따라서는 이 책에 실린 소리 외에 다른 소리로 읽을 수 있는 한자들도 있어요. 하지만 처음부터 너무 많은 정보를 머릿속에 집어넣으려 하면 초급 단계에서는 오히려 역효과가 날 수 있어요. 초급자가 필수적으로 꼭 알아야 하는 것만 다루었답니다!
일본어 한자음에는 '음독'과 '훈독'이 있는 것 아시나요? '음독'은 '소리로 한자를 읽는 것'으로 한국어 한자음과 소리가 비슷해요. '훈독'은 '뜻'으로 한자를 읽는 거예요. 예를 들어 人 자를 '인'으로 읽는 것이 '음독'이고 '사람'으로 읽는 것이 '훈독'이에요. 한국어는 기본적으로 하나의 한자에 음이 하나씩 있지만 일본어는 여러 개 있는 경우가 많아서 그 점이 배우기가 참 어려워요.

한자도 결국 단어가 중요해요!

앞에서 일본어는 한자를 읽는 방법이 여러 개라고 말씀 드렸죠? 어떤 소리로 읽는지는 단어에 따라 정해져 있어서 결국은 단어 기준으로 알아야 해요! 이 책은 《일본어 무작정 따라하기》 시리즈에 나왔던 단어들을 중심으로(대부분 기본 필수 단어들!) 단어 예를 구성했어요. 그래서 제시한 단어를 보시면 '앗! 아는 단어다!' 하는 반가운 마음이 들겠죠? 내가 알고 있는 단어라면 단어 속 한자가 더 친숙하게 느껴져 부담스럽지 않게 한자를 익힐 수 있을 거예요!

후지이 아사리

이 책의 구성

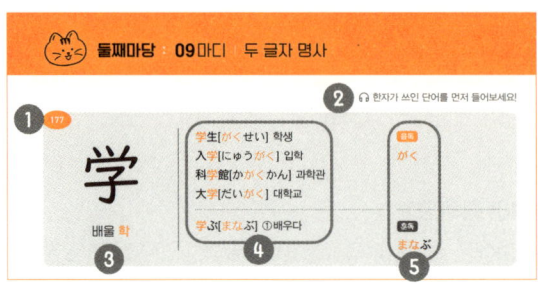

❶ 한자 일련번호 : 개별 한자의 고유 번호입니다. 001~315까지 번호를 달았어요.

❷ 한자 단어의 원어민 음성 : 모든 음독 단어와 훈독 단어를 QR코드로 들을 수 있어요.

❸ 대표 한자의 한국 음훈 : 별색으로 표시하여 일본어 음독 음과 비교하며 익힐 수 있어요.

❹ 대표 한자가 사용된 음독/훈독 단어 : 일본어 음독/훈독보다 대표 한자가 사용된 단어를 먼저 제시하여 쉽게 이해할 수 있어요. 동사의 경우는 종류별로 '1류동사, 2류동사, 3류동사'를 '①, ②, ③'으로 표시했어요.

❺ 대표 한자의 일본어 음독/훈독 : 대표 한자의 꼭 알아두어야 할 음독과 훈독을 중심으로 제시했어요. 음독/훈독이 2가지 이상인 경우는 사용 빈도가 높은 것 위주로 제시했어요.

❻ 단어 속 대표 한자 쓰기 : 학습한 한자 단어와 뜻을 보면서 단어에 사용된 한자를 따라 쓰며 복습할 수 있어요. 또한 일본어 독음도 함께 복습할 수 있어요.

❼ 대표 한자 쓰기 연습 : 직접 여러 번 써 보면서 완벽한 쓰기 연습이 가능해요.

❽ 대표 한자의 획순 : 정확하게 따라 쓰면서 익힐 수 있도록 획순을 함께 제시했어요.

> ※ 일러두기
> 본책의 대표 한자와 한자 단어의 쓰기 학습 부분은 한자 쓰기 교육에 적합한 서체를 적용하여 올바른 한자 쓰기 학습이 가능합니다. 예시 단어 및 획순에 사용된 한자와 모양이 약간 다를 수 있습니다.

목차

첫째마당 주제별로 익히자!

01 마디	숫자	008
02 마디	요일 · 시간	016
03 마디	방향 · 장소 · 위치	026
04 마디	자연 · 자연현상	040
05 마디	사람 · 신체	050
06 마디	가족 · 인간관계	058
07 마디	색깔 · 동식물	064
08 마디	일상생활	070

둘째마당 단어로 익히자!

09 마디	두 글자 명사	082
10 마디	주요 형용사	130
11 마디	주요 동사	142

| 한자 찾아보기 |
- 우리말 독음   172
- 일본어 음독/훈독   176

주제별로 익히자!

01마디 　숫자
02마디 　요일·시간
03마디 　방향·장소·위치
04마디 　자연·자연현상
05마디 　사람·신체
06마디 　가족·인간관계
07마디 　색깔·동식물
08마디 　일상생활

첫째마당 | 01마디 | 숫자

🎧 한자가 쓰인 단어를 먼저 들어보세요!

001 一 한 일

- 一番[いちばん] 가장, 제일
- 一日[いちにち] 하루
- 一列[いちれつ] 한 줄
- 一度[いちど] 한 번

음독: いち

- 一つ[ひとつ] 1개, 하나
- 一言[ひとこと] 한마디

훈독: ひと

002 二 두 이

- 二次会[にじかい] 2차(모임)
- 一石二鳥[いっせき にちょう] 일석이조

음독: に

- 二つ[ふたつ] 2개, 둘
- 二重[ふたえ] 두 겹, 쌍꺼풀
- 二股[ふたまた] 양다리
- [예외] 二日[ふつか] 2일

훈독: ふた

003 三 석 삼

- 三人[さんにん] 3명
- 三名様[さんめいさま] 세 분
- 三丁目[さんちょうめ] 3가

음독: さん

- 三月[みつき] 세 달
- 三つ[みっつ] 3개, 셋
- 三日[みっか] 3일

훈독: み / みっ

004 四 넉 사

- 四月[しがつ] 4월
- 四角[しかく] 사각

음독: し

- 四時[よじ] 4시
- 四つ[よっつ] 4개, 넷
- 四日[よっか] 4일
- 四名様[よんめいさま] 네 분

훈독: よ / よっ / よん

✏️ 단어 속 한자를 써보며 연습하세요!

01 마디 一 숫자

| 一番 가장, 제일 | 一日 하루 | 一度 한 번 | 一つ 1개, 하나 |

一

| 二次会 2차(모임) | 二つ 2개, 둘 | 二重 두 겹, 쌍꺼풀 | 二股 양다리 |

二 二

| 三人 3명 | 三丁目 3가 | 三つ 3개, 셋 | 三日 3일 |

三 三 三

| 四月 4월 | 四時 4시 | 四日 4일 | 四名様 네 분 |

四 四 四 四 四

첫째마당 : 01마디 | 숫자

🎧 한자가 쓰인 단어를 먼저 들어보세요!

005

五
다섯 **오**

- 五月[ごがつ] 5월
- 五人[ごにん] 5명
- 五回[ごかい] 5회
- 五時[ごじ] 5시

음독: ご

- 五つ[いつつ] 5개, 다섯
- 五日[いつか] 5일

훈독: いつ

006

六
여섯 **육**

- 六時[ろくじ] 6시
- 六月[ろくがつ] 6월
- 六枚[ろくまい] 6장
- 六人[ろくにん] 6명

음독: ろく

- 六つ[むっつ] 6개, 여섯
- 六日[むいか] 6일

훈독: むっ / むい

007

七
일곱 **칠**

- 七月[しちがつ] 7월
- 七人[しちにん] 7명
- 七時[しちじ] 7시
- 七時間[しちじかん] 7시간

음독: しち

- 七つ[ななつ] 7개, 일곱
- 七日[なのか] 7일

훈독: なな / なの

★ 七時間은 ななじかん으로도 읽을 수 있어요.

008

八
여덟 **팔**

- 八時[はちじ] 8시
- 八年[はちねん] 8년
- 八人[はちにん] 8명

음독: はち

- 八つ[やっつ] 8개, 여덟
- 八日[ようか] 8일

훈독: やっ / よう

五回 5회　**五時** 5시　**五つ** 5개, 다섯　**五日** 5일

五　五　五

五 五 五 五

六枚 6장　**六人** 6명　**六つ** 6개, 여섯　**六日** 6일

六　六　六

六 六 六 六

七人 7명　**七時** 7시　**七つ** 7개, 일곱　**七日** 7일

七　七　七

七 七

八年 8년　**八人** 8명　**八つ** 8개, 여덟　**八日** 8일

八　八　八

八 八

01 마디 — 숫자

첫째마당 : 01마디 | 숫자

🎧 한자가 쓰인 단어를 먼저 들어보세요!

九年 9년　**九時** 9시　**九つ** 9개, 아홉　**九日** 9일

九　九　九

九 九

十分な 충분한　**十五分** 15분　**十** 10개, 열　**十日** 10일

十　十　十

十 十

百年 100년　**百人** 100명　**百十番** 110번(경찰)　**百貨店** 백화점

百　百　百

百 百 百 百 百 百

千日 1,000일　**八千枚** 8,000장　**五千万** 5천만　**千葉** 지바(지명)

千　千　千

千 千 千

첫째마당 : 01마디 | 숫자

🎧 한자가 쓰인 단어를 먼저 들어보세요!

013

万
일만 **만**

- 一万円[いちまんえん] 10,000엔
- 十万[じゅうまん] 10만
- 万が一[まんがいち] 만일, 만약
- 万年筆[まんねんひつ] 만년필
- 万歳[ばんざい] 만세

음독
まん
ばん

014

億
억 **억**

- 一億[いちおく] 1억
- 十億[じゅうおく] 10억
- 百億[ひゃくおく] 100억
- 千億[せんおく] 1,000억
- 億万[おくまん] 억만

음독
おく

잠깐만요!

한국어 한자음과 일본어 한자음의 표기

한국어 한자음이 일본어 한자음에서 어떤 음이 되는지 알고 있으면 도움이 되니 정리해 드릴게요.

• **초성**

한국어	ㄱ	ㄴ	ㄷ	ㄹ	ㅁ	ㅂ	ㅅ
일본어	か행, が행	な행	た행, だ행	ら행	ま행, ば행	は행, ば행	さ행, ざ행

한국어	ㅇ	ㅈ	ㅊ	ㅋ	ㅌ	ㅍ	ㅎ
일본어	あ행, が행	さ행, ざ행	さ행	か행	た행	は행	か행, が행

• **종성**

한국어	ㄱ	ㄴ, ㅁ	ㄹ	ㅂ	ㅇ
일본어	く	ん	つ	う	장음(긴 소리)

✏️ 단어 속 한자를 써보며 연습하세요!

| 一万円 10,000엔 | 万が一 만일, 만약 | 万年筆 만년필 | 万歳 만세 |

| 万 | 万 | 万 | | | |

万 万 万

| 一億 1억 | 十億 10억 | 百億 100억 | 千億 1,000억 |

| 億 | 億 | 億 | | | |

億 億 億 億 億 億 億 億 億 億

💬 잘 안 외워지는 한자를 자유롭게 써보세요!

 첫째마당 | 02마디 | 요일·시간

🎧 한자가 쓰인 단어를 먼저 들어보세요!

015 月 달 월

- 四月[しがつ] 4월
- 月曜日[げつようび] 월요일
- 今月[こんげつ] 이번 달
- 来月[らいげつ] 다음 달
- 二ヶ月[にかげつ] 2개월

음독: がつ, げつ

- 月[つき] 달

훈독: つき

016 火 불 화

- 火曜日[かようび] 화요일
- 火事[かじ] 화재
- 火山[かざん] 화산
- 火葬[かそう] 화장

음독: か

- 火[ひ] 불

훈독: ひ

017 水 물 수

- 水曜日[すいようび] 수요일
- 水泳[すいえい] 수영
- 水道[すいどう] 수도
- 水族館[すいぞくかん] 수족관

음독: すい

- 水[みず] 물
- 水たまり[みずたまり] 물웅덩이

훈독: みず

018 木 나무 목

- 木曜日[もくようび] 목요일
- 木材[もくざい] 목재
- 木造[もくぞう] 목조
- 土木[どぼく] 토목

음독: もく, ぼく

- 木[き] 나무

훈독: き

月曜日 월요일　**今月** 이번 달　**二ケ月** 2개월　**月** 달

月　月　月

月 月 月 月

火曜日 화요일　**火事** 화재　**火山** 화산　**火** 불

火　火　火

火 火 火 火

水曜日 수요일　**水泳** 수영　**水道** 수도　**水たまり** 물웅덩이

水　水　水

水 水 水 水

木曜日 목요일　**木造** 목조　**土木** 토목　**木** 나무

木　木　木

木 木 木 木

첫째마당 : 02마디 | 요일・시간

🎧 한자가 쓰인 단어를 먼저 들어보세요!

019 金 — 쇠 금

金曜日[きんようび] 금요일	음독
料金[りょうきん] 요금	きん
現金[げんきん] 현금	
お祝い金[おいわいきん] 축하금	
お金[おかね] 돈	훈독
金持ち[かねもち] 부자	かね

020 土 — 흙 토

土地[とち] 토지, 땅	음독
土曜日[どようび] 토요일	と
土日[どにち] 토일(토요일과 일요일)	ど
[예외] お土産[おみやげ] 선물, 기념품	
土[つち] 땅	훈독
	つち

★日(날 일)은 082쪽에 있어요!

021 年 — 해 년

年賀状[ねんがじょう] 연하장	음독
去年[きょねん] 작년	ねん
学年[がくねん] 학년	
年下[としした] 연하	
毎年[まいとし] 매년	とし
お年寄り[おとしより] 어르신, 노인	

022 週 — 돌 주

週末[しゅうまつ] 주말	음독
一週間[いっしゅうかん] 일주일	しゅう
先週[せんしゅう] 지난주	
来週[らいしゅう] 다음 주	
再来週[さらいしゅう] 다다음 주	

✏️ 단어 속 한자를 써보며 연습하세요!

| 金曜日 금요일 | 料金 요금 | 現金 현금 | お金 돈 |

金 金 金

金金金金全金金金

| 土地 토지, 땅 | 土曜日 토요일 | 土日 토일(토요일과 일요일) | 土 땅 |

土 土 土

土 土 土

| 去年 작년 | 学年 학년 | 年下 연하 | 毎年 매년 |

年 年 年

年年年年年年

| 週末 주말 | 一週間 일주일 | 来週 다음 주 | 再来週 다다음 주 |

週 週 週

週週週週週週週週週

02 마디 — 요일·시간

첫째마당 : 02마디 | 요일·시간

🎧 한자가 쓰인 단어를 먼저 들어보세요!

023

今 이제 금

今度[こんど] 이번, 다음
今週[こんしゅう] 이번 주
今晩[こんばん] 오늘 저녁, 오늘 밤
[예외] 今日[きょう] 오늘
今朝[けさ] 오늘 아침

음독
こん

今[いま] 지금
只今[ただいま] 지금, 이제 막
今頃[いまごろ] 지금쯤

훈독
いま

024

去 갈 거

去年[きょねん] 작년
過去[かこ] 과거

음독
きょ
こ

去る[さる] ① 떠나다, 지나다

훈독
さる

025

毎 매양 매

毎日[まいにち] 매일
毎朝[まいあさ] 매일 아침
毎晩[まいばん] 매일 저녁, 매일 밤
毎週[まいしゅう] 매주
毎月[まいつき] 매달
毎年[まいとし] 매년

음독
まい

026

何 어찌 하

何[なん・なに] 무엇, 몇
何で[なんで] 왜
何でも[なんでも] 무엇이든지
何か[なにか] 무언가
何も[なにも] 아무것도
何色[なにいろ] 무슨 색

훈독
なん
なに

✎ 단어 속 한자를 써보며 연습하세요!

今度 이번, 다음　**今**晩 오늘 저녁, 오늘 밤　**今** 지금　**今**頃 지금쯤

今今今今

02 마디 — 요일·시간

去年 작년　過去 과거　去る ①떠나다, 지나다

去 去 去 去 去

毎日 매일　毎朝 매일 아침　毎週 매주　毎月 매달

毎 毎 毎 毎 毎 毎

何で 왜　何でも 무엇이든지　何か 무언가　何も 아무것도

何何何何何何何

021

첫째마당 : 02마디 | 요일・시간

🎧 한자가 쓰인 단어를 먼저 들어보세요!

027

半

반 **반**

半分[はんぶん] 절반
半年[はんとし] 반년
半額[はんがく] 반액
半強制[はんきょうせい] 반강제
前半[ぜんはん] 전반
後半[こうはん] 후반

음독
はん

028

朝

아침 **조**

朝食[ちょうしょく] 조식, 아침 식사
北朝鮮[きたちょうせん] 북한

음독
ちょう

朝[あさ] 아침
朝ご飯[あさごはん] 아침밥
朝晩[あさばん] 아침저녁

훈독
あさ

029

昼

낮 **주**

昼食[ちゅうしょく] 점심 식사

음독
ちゅう

昼[ひる] 낮, 점심
昼休み[ひるやすみ] 점심시간
昼ご飯[ひるごはん] 점심밥
昼寝[ひるね] 낮잠

훈독
ひる

030

夕

저녁 **석**

夕べ[ゆうべ] 어젯밤
夕方[ゆうがた] 해질녘, 저녁때
夕飯[ゆうはん] 저녁밥
夕食[ゆうしょく] 석식, 저녁 식사

훈독
ゆう

단어 속 한자를 써보며 연습하세요!

半分 절반　**半年** 반년　**半額** 반액　**前半** 전반

半　半　半

半 半 半 半

朝食 조식, 아침 식사　**北朝鮮** 북한　**朝ご飯** 아침밥　**朝晩** 아침저녁

朝　朝　朝

朝 朝 朝 朝 朝 朝 朝 朝 朝 朝

昼食 점심 식사　**昼休み** 점심시간　**昼ご飯** 점심밥　**昼寝** 낮잠

昼　昼　昼

昼 昼 昼 昼 昼 昼 昼 昼 昼

夕べ 어젯밤　**夕方** 해질녘, 저녁때　**夕飯** 저녁밥　**夕食** 석식, 저녁 식사

夕　夕　夕

夕 夕 夕

02 마디 — 요일 · 시간

첫째마당 : 02마디 | 요일·시간

🎧 한자가 쓰인 단어를 먼저 들어보세요!

031

夜 (밤 야)

夜食[やしょく] 야식
夜間[やかん] 야간
今夜[こんや] 오늘 밤
深夜[しんや] 심야

음독
や

夜[よる] 밤
夜中[よなか] 밤중, 한밤중

훈독
よる
よ

032

午 (낮 오)

午前[ごぜん] 오전
午後[ごご] 오후
正午[しょうご] 정오
端午[たんご] 단오

음독
ご

| 잠깐만요! |

한국 한자와 모양이 다른 일본 한자
한국 한자와 약간의 차이만 있는 일본 한자는 잘못 쓰는 경우가 많으니 조심해야 해요!

한국 한자	일본 한자	
週(주)	週	부수인 책받침이 3획임
每(매)	毎	안쪽의 획 2개가 1개의 선이 됨
半(반)	半	위쪽의 좌우 획의 방향이 반대임
內(내)	内	위로 튀어나오는 선이 반대임
雪(설)	雪	선이 오른쪽으로 튀어나오지 않음
寒(한)	寒	아래쪽의 획 2개의 방향이 다름

✏️ 단어 속 한자를 써보며 연습하세요!

夜食 야식　**今夜** 오늘 밤　**夜** 밤　**夜中** 밤중, 한밤중

夜　夜　夜

夜夜夜夜夜夜夜

午前 오전　**午後** 오후　**正午** 정오　**端午** 단오

午　午　午

午午午午

02 마디 — 요일·시간

🖊 잘 안 외워지는 한자를 자유롭게 써보세요!

 **첫째마당** · **03마디** | 방향·장소·위치

🎧 한자가 쓰인 단어를 먼저 들어보세요!

033

東
동녘 동

- 東京[とうきょう] 도쿄(지명)
- 東洋[とうよう] 동양
- 関東[かんとう] 간토(관동 지방)

음독 とう

- 東[ひがし] 동쪽
- 東口[ひがしぐち] 동쪽 출구

훈독 ひがし

034

西
서녘 서

- 西洋[せいよう] 서양
- 偏西風[へんせいふう] 편서풍
- 関西[かんさい] 간사이(관서 지방)

음독 せい / さい

- 西[にし] 서쪽
- 西口[にしぐち] 서쪽 출구

훈독 にし

035

南
남녘 남

- 南北[なんぼく] 남북
- 南米[なんべい] 남미(남아메리카)
- 東南[とうなん] 동남

음독 なん

- 南[みなみ] 남쪽
- 南口[みなみぐち] 남쪽 출구

훈독 みなみ

036

北
북녘 북

- 北米[ほくべい] 북미(북아메리카)
- 東北[とうほく] 도호쿠(동북 지방)

음독 ほく

- 北[きた] 북쪽
- 北口[きたぐち] 북쪽 출구
- 北朝鮮[きたちょうせん] 북한

훈독 きた

✏️ 단어 속 한자를 써보며 연습하세요!

東京 도쿄(지명)　**東洋** 동양　**関東** 간토(관동 지방)　**東口** 동쪽 출구

東　東　東

東 東 東 東 東 東 東

西洋 서양　**偏西風** 편서풍　**関西** 간사이(관서 지방)　**西口** 서쪽 출구

西　西　西

西 西 西 西 西

南北 남북　**南米** 남미(남아메리카)　**東南** 동남　**南口** 남쪽 출구

南　南　南

南 南 南 南 南 南 南

北米 북미(북아메리카)　**東北** 도호쿠(동북 지방)　**北口** 북쪽 출구　**北朝鮮** 북한

北　北　北

北 北 北 北 北

03 마디 ― 방향·장소·위치

027

첫째마당 : 03마디 | 방향·장소·위치

🎧 한자가 쓰인 단어를 먼저 들어보세요!

037

上
윗 **상**

上下[じょうげ] 상하
以上[いじょう] 이상

음독
じょう

上[うえ] 위
上着[うわぎ] 겉옷, 상의
上げる[あげる] ② 올리다, 들다
上る[のぼる] ① 오르다, 올라가다

훈독
うえ・うわ
あがる・あげる
のぼる

038

下
아래 **하**

地下[ちか] 지하
下宿[げしゅく] 하숙

음독
か
げ

下[した] 아래, 밑
下着[したぎ] 속옷
下がる[さがる] ① 내려가다
下りる[おりる] ② 내려오다, 내리다
下さい[ください] 주세요

훈독
した
さがる・さげる
おりる
くださる

039

左
왼 **좌**

左折[させつ] 좌회전
右往左往[うおうさおう] 우왕좌왕

음독
さ

左[ひだり] 왼쪽
左側[ひだりがわ] 좌측
左手[ひだりて] 왼손

훈독
ひだり

040

右
오른 **우**

右折[うせつ] 우회전
左右[さゆう] 좌우

음독
う
ゆう

右[みぎ] 오른쪽
右側[みぎがわ] 우측
右手[みぎて] 오른손

훈독
みぎ

03 마디 一 방향·장소·위치

以**上** 이상 **上** 위 **上**着 겉옷, 상의 **上**げる ②올리다 **上**る ①오르다, 올라가다

上 上 上

地**下** 지하 **下**宿 하숙 **下**着 속옷 **下**がる ①내려가다 **下**さい 주세요

下 下 下

左折 좌회전 右往**左**往 우왕좌왕 **左**側 좌측 **左**手 왼손

左 左 左 左 左

右折 우회전 **左右** 좌우 **右**側 우측 **右**手 오른손

右 右 右 右 右

첫째마당 : 03마디 | 방향·장소·위치

🎧 한자가 쓰인 단어를 먼저 들어보세요!

041

間
사이 **간**

中間[ちゅうかん] 중간
一時間[いちじかん] 1시간
三週間[さんしゅうかん] 3주일

음독
かん

間[あいだ] 사이
間違える[まちがえる] ② 틀리다
間に合う[まにあう] ① 늦지 않다

훈독
あいだ
ま

042

先
먼저 **선**

先生[せんせい] 선생님
先月[せんげつ] 지난달
先輩[せんぱい] 선배
優先席[ゆうせんせき] 노약자석(우선석)

음독
せん

先に[さきに] 먼저

훈독
さき

043

前
앞 **전**

前後[ぜんご] 전후
以前[いぜん] 이전

음독
ぜん

前[まえ] 앞, 전
この前[このまえ] 저번, 요전
お前[おまえ] 너
名前[なまえ] 이름

훈독
まえ

044

後
뒤 **후**

午後[ごご] 오후
最後[さいご] 최후, 마지막
後輩[こうはい] 후배

음독
ご
こう

後ろ[うしろ] 뒤
後[あと] 후
後で[あとで] 이따가, 나중에

훈독
うしろ
あと

✎ 단어 속 한자를 써보며 연습하세요!

03 마디 — 방향·장소·위치

中**間** 중간　一時**間** 1시간　**間** 사이　**間**違える ②틀리다

間間間間間間間間間間

先生 선생님　**先**輩 선배　優**先**席 노약자석(우선석)　**先**に 먼저

先先先先先先

前後 전후　以**前** 이전　この**前** 저번, 요전　名**前** 이름

前前前前前前前前

最**後** 최후, 마지막　**後**輩 후배　**後**ろ 뒤　**後**で 이따가, 나중에

後後後後後後後後

첫째마당 : 03마디 | 방향·장소·위치

🎧 한자가 쓰인 단어를 먼저 들어보세요!

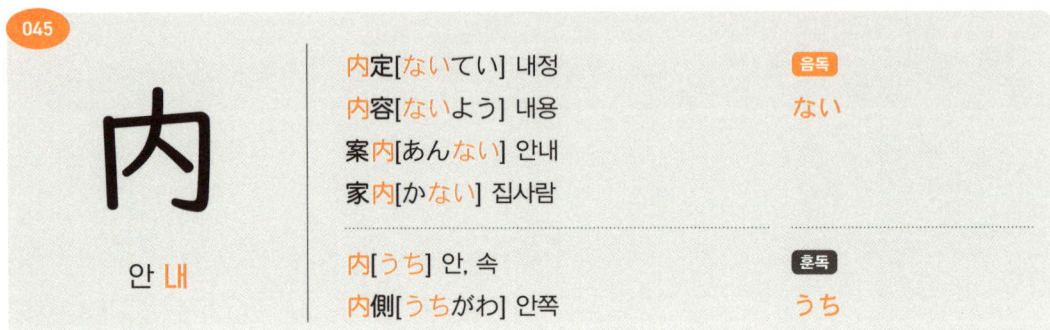

045 内 안 내

内定[ないてい] 내정
内容[ないよう] 내용
案内[あんない] 안내
家内[かない] 집사람

음독
ない

内[うち] 안, 속
内側[うちがわ] 안쪽

훈독
うち

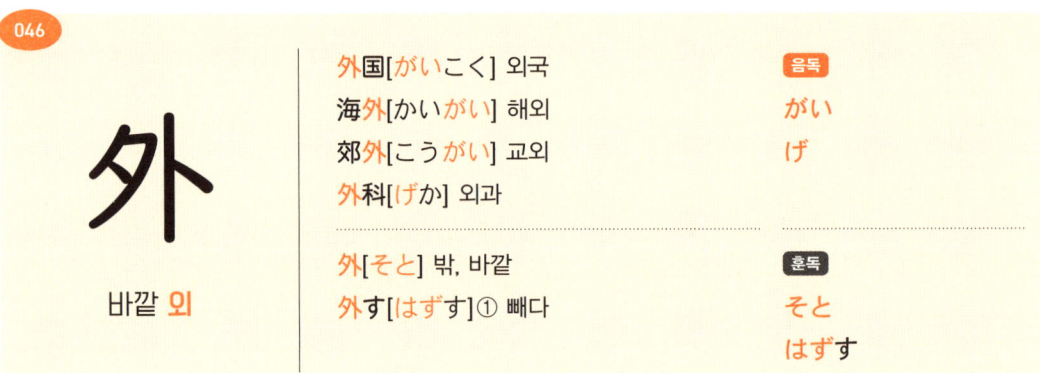

046 外 바깥 외

外国[がいこく] 외국
海外[かいがい] 해외
郊外[こうがい] 교외
外科[げか] 외과

음독
がい
げ

外[そと] 밖, 바깥
外す[はずす] ① 빼다

훈독
そと
はずす

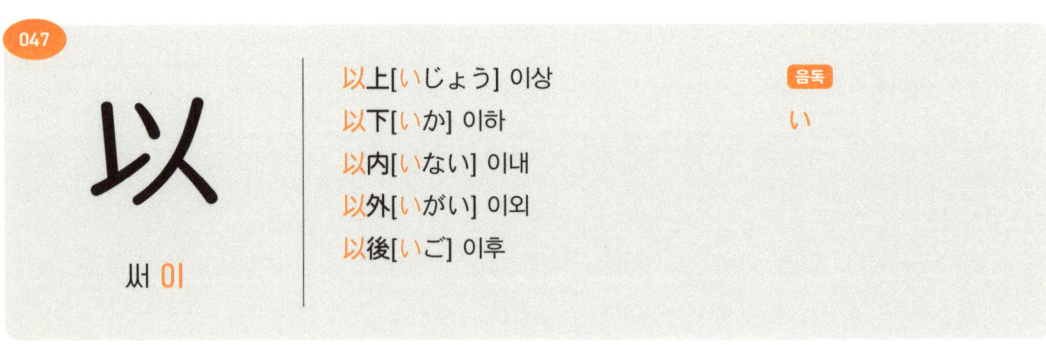

047 以 써 이

以上[いじょう] 이상
以下[いか] 이하
以内[いない] 이내
以外[いがい] 이외
以後[いご] 이후

음독
い

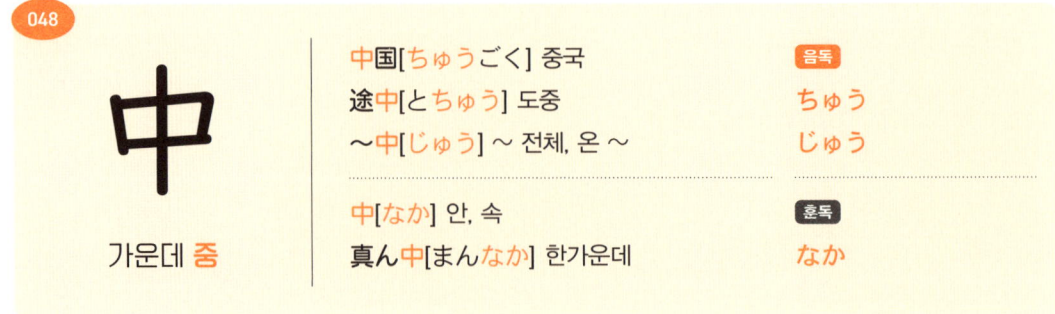

048 中 가운데 중

中国[ちゅうごく] 중국
途中[とちゅう] 도중
〜中[じゅう] 〜 전체, 온 〜

음독
ちゅう
じゅう

中[なか] 안, 속
真ん中[まんなか] 한가운데

훈독
なか

内容 내용　**案内** 안내　**内** 안, 속　**内**側 안쪽

内内内内

海**外** 해외　**外**科 외과　**外** 밖, 바깥　**外**す ①빼다

外外外外

以上 이상　**以**下 이하　**以**内 이내　**以**外 이외

以以以以以

中国 중국　途**中** 도중　～**中** ～전체, 온～　真ん**中** 한가운데

中中中中

첫째마당 : 03마디 | 방향·장소·위치

🎧 한자가 쓰인 단어를 먼저 들어보세요!

049 小 작을 소

| 小説[しょうせつ] 소설 | 음독 |
| 小学生[しょうがくせい] 초등학생 | しょう |

小さい[ちいさい] 작다	훈독
小麦粉[こむぎこ] 밀가루	ちいさい
お小遣い[おこづかい] 용돈	こ

050 大 큰 대

大学生[だいがくせい] 대학생	음독
大部分[だいぶぶん] 대부분	だい
大会[たいかい] 대회	たい
大変[たいへん] 대단히	

| 大きい[おおきい] 크다 | 훈독 |
| 大阪[おおさか] 오사카(지명) | おおきい |

051 国 나라 국

国際[こくさい] 국제	음독
全国[ぜんこく] 전국	こく
韓国[かんこく] 한국	
韓国語[かんこくご] 한국어	
外国人[がいこくじん] 외국인	

| 国[くに] 나라, 고국, 고향 | 훈독 |
| | くに |

052 市 저자 시

市民[しみん] 시민	음독
市役所[しやくしょ] 시청	し
都市[とし] 도시	
市場[しじょう] 시장(주식시장 등)	

| 市場[いちば] 시장(남대문시장 등) | 훈독 |
| | いち |

🖉 단어 속 한자를 써보며 연습하세요!

03 마디 — 방향·장소·위치

小説 소설　小学生 초등학생　小さい 작다　お小遣い 용돈

小　小　小

小 小 小

大部分 대부분　大会 대회　大変 대단히　大きい 크다

大　大　大

大 大 大

国際 국제　全国 전국　韓国語 한국어　国 나라, 고국, 고향

国　国　国

国 国 国 国 国 国 国

市民 시민　市役所 시청　都市 도시　市場 시장(남대문시장 등)

市　市　市

市 市 市 市 市

035

첫째마당 : 03마디 | 방향・장소・위치

🎧 한자가 쓰인 단어를 먼저 들어보세요!

053

区

구분할 **구**

- 区[く] 구(행정구역)
- 区役所[くやくしょ] 구청
- 区別[くべつ] 구별
- 区間[くかん] 구간
- 区分[くぶん] 구분

음독
く

054

村

마을 **촌**

- 農村[のうそん] 농촌
- 漁村[ぎょそん] 어촌

음독
そん

- 村[むら] 촌락, 마을

훈독
むら

055

道

길 **도**

- 道具[どうぐ] 도구
- 道路[どうろ] 도로
- 柔道[じゅうどう] 유도
- 水道[すいどう] 수도

음독
どう

- 道[みち] 길
- 帰り道[かえりみち] 돌아오는 길

훈독
みち

056

駅

역 **역**

- 駅[えき] 역
- 駅長[えきちょう] 역장
- 駅員[えきいん] 역무원
- 駅前[えきまえ] 역 앞
- 各駅停車[かくえき ていしゃ] 일반열차(각 역 정차)

음독
えき

단어 속 한자를 써보며 연습하세요!

区役所 구청　**区別** 구별　**区間** 구간　**区分** 구분

区区区区

農村 농촌　**漁村** 어촌　**村** 촌락, 마을

村村村村村村村

道具 도구　**道路** 도로　**柔道** 유도　**帰り道** 돌아오는 길

道道道道道道道道道道道

駅長 역장　**駅員** 역무원　**駅前** 역 앞　**各駅停車** 일반열차(각 역 정차)

駅駅駅駅駅駅駅駅駅駅駅駅駅駅

03 마디 — 방향·장소·위치

 첫째마당 : 03마디 | 방향·장소·위치

🎧 한자가 쓰인 단어를 먼저 들어보세요!

057

銀
은 은

- 銀行[ぎんこう] 은행
- 銀行員[ぎんこういん] 은행원
- 銀座[ぎんざ] 긴자(지명)
- 銀の鈴[ぎんの すず] 은방울

음독 ぎん

058

館
집 관

- 図書館[としょかん] 도서관
- 映画館[えいがかん] 영화관
- 科学館[かがくかん] 과학관
- 大使館[たいしかん] 대사관
- 美術館[びじゅつかん] 미술관
- 旅館[りょかん] 료칸(일본식 호텔)

음독 かん

059

室
집 실

- 教室[きょうしつ] 교실
- 寝室[しんしつ] 침실
- 会議室[かいぎしつ] 회의실
- 美容室[びようしつ] 미용실
- 化粧室[けしょうしつ] 화장실
- 研究室[けんきゅうしつ] 연구실

음독 しつ

060

堂
집 당

- 講堂[こうどう] 강당
- 食堂[しょくどう] 식당
- 聖堂[せいどう] 성당
- 学生食堂[がくせい しょくどう] 학생 식당

음독 どう

038

✎ 단어 속 한자를 써보며 연습하세요!

03 마디 – 방향·장소·위치

| 銀行 은행 | 銀行員 은행원 | 銀座 긴자(지명) | 銀の鈴 은방울 |

銀 銀 銀

銀銀銀銀銀銀銀銀銀銀

| 図書館 도서관 | 映画館 영화관 | 大使館 대사관 | 美術館 미술관 |

館 館 館

館館館館館館館館館館館館

| 教室 교실 | 寝室 침실 | 会議室 회의실 | 美容室 미용실 |

室 室 室

室室室室室室室室室

| 講堂 강당 | 食堂 식당 | 聖堂 성당 | 学生食堂 학생 식당 |

堂 堂 堂

堂堂堂堂堂堂堂堂堂

 **첫째마당** : **04마디** | 자연·자연현상

🎧 한자가 쓰인 단어를 먼저 들어보세요!

061 山 산 산

- 富士山[ふじさん] 후지산
- 山林[さんりん] 산림
- 山脈[さんみゃく] 산맥

음독 さん

- 山[やま] 산

훈독 やま

062 海 바다 해

- 海外[かいがい] 해외
- 海岸[かいがん] 해안
- 海水浴[かいすいよく] 해수욕

음독 かい

- 海[うみ] 바다

훈독 うみ

063 川 내 천

- 河川[かせん] 하천

음독 せん

- 川[かわ] 강

훈독 かわ

064 池 연못 지

- 電池[でんち] 건전지
- 貯水池[ちょすいち] 저수지

음독 ち

- 池[いけ] 연못

훈독 いけ

富士山 후지산　山林 산림　山脈 산맥　山 산

山　山　山

山 山 山

海外 해외　海岸 해안　海水浴 해수욕　海 바다

海　海　海

海 海 海 海 海 海 海 海

河川 하천　川 강

川　川　川

川 川 川

電池 건전지　貯水池 저수지　池 연못

池　池　池

池 池 池 池 池 池

04 마디 — 자연·자연현상

첫째마당 : **04마디** | 자연·자연현상

🎧 한자가 쓰인 단어를 먼저 들어보세요!

065

天 하늘 천

- 天気[てんき] 날씨
- 天気予報[てんき よほう] 일기예보
- 天ぷら[てんぷら] 튀김
- 天才[てんさい] 천재

음독: てん

066

地 땅 지

- 地理[ちり] 지리
- 地図[ちず] 지도
- 地域[ちいき] 지역
- 目的地[もくてきち] 목적지
- 地震[じしん] 지진
- 意地悪な[いじわるな] 심술궂은

음독: ち, じ

067

空 빌 공

- 空気[くうき] 공기
- 空港[くうこう] 공항
- 航空便[こうくうびん] 항공편

음독: くう

- 空[そら] 하늘
- 空く[あく]① (속, 안이)비다
- 空く[すく]① 한산해지다

훈독: そら, あく, すく

068

田 밭 전

- 田園[でんえん] 전원
- 塩田[えんでん] 염전

음독: でん

- 田[た] 논
- [예외] 田舎[いなか] 시골

훈독: た

✎ 단어 속 한자를 써보며 연습하세요!

天気 날씨　**天気予報** 일기예보　**天ぷら** 튀김　**天才** 천재

天　天　天

天 天 天 天

地図 지도　**目的地** 목적지　**地震** 지진　**意地悪な** 심술궂은

地　地　地

地 地 地 地 地 地

空気 공기　**空** 하늘　**空く** ①(속, 안이)비다　**空く** ①한산해지다

空　空　空

空 空 空 空 空 空 空 空

田園 전원　**塩田** 염전　**田** 논　**田舎** 시골

田　田　田

田 田 田 田 田

04 마디 ─ 자연·자연현상

첫째마당 : 04마디 | 자연·자연현상

🎧 한자가 쓰인 단어를 먼저 들어보세요!

069
春 봄 춘

青春[せいしゅん] 청춘
立春[りっしゅん] 입춘(절기)

음독
しゅん

春[はる] 봄
春休み[はるやすみ] 봄 방학

훈독
はる

070
夏 여름 하

夏季[かき] 하계, 여름철
夏至[げし] 하지(절기)

음독
か
げ

夏[なつ] 여름
真夏[まなつ] 한여름
夏休み[なつやすみ] 여름 방학

훈독
なつ

071
秋 가을 추

秋分[しゅうぶん] 추분(절기)
立秋[りっしゅう] 입추(절기)
初秋[しょしゅう] 초가을

음독
しゅう

秋[あき] 가을
秋休み[あきやすみ] 가을 방학

훈독
あき

072
冬 겨울 동

冬季[とうき] 동계, 겨울철

음독
とう

冬[ふゆ] 겨울
冬休み[ふゆやすみ] 겨울 방학
冬服[ふゆふく] 동복, 겨울 옷
真冬[まふゆ] 한겨울

훈독
ふゆ

✏️ 단어 속 한자를 써보며 연습하세요!

04 마디 — 자연·자연현상

青春 청춘　立春 입춘(절기)　春 봄　春休み 봄 방학

春	春	春			

春 春 春 春 春 春 春 春 春

夏季 하계, 여름철　夏至 하지(절기)　夏 여름　夏休み 여름 방학

夏	夏	夏			

夏 夏 夏 夏 夏 夏 夏 夏 夏

秋分 추분(절기)　立秋 입추(절기)　秋 가을　秋休み 가을 방학

秋	秋	秋			

秋 秋 秋 秋 秋 秋 秋 秋 秋

冬季 동계, 겨울철　冬休み 겨울 방학　冬服 동복　真冬 한겨울

冬	冬	冬			

冬 冬 冬 冬 冬

첫째마당 : 04마디 | 자연・자연현상

🎧 한자가 쓰인 단어를 먼저 들어보세요!

073

雨
비 우

雨天[うてん] 우천(비 오는 날씨)

음독
う

雨[あめ] 비
雨風[あめかぜ] 비바람
大雨[おおあめ] 큰 비

훈독
あめ

074

風
바람 풍

お風呂[おふろ] 목욕, 욕실, 욕조
台風[たいふう] 태풍
偏西風[へんせいふう] 편서풍

음독
ふ
ふう

風[かぜ] 바람
追い風[おいかぜ] 순풍
[예외] 風邪[かぜ] 감기

훈독
かぜ

075

雲
구름 운

雲海[うんかい] 구름 바다
雲上[うんじょう] 구름 위

음독
うん

雲[くも] 구름
雲間[くもま] 구름 사이

훈독
くも

076

雪
눈 설

雪原[せつげん] 설원

음독
せつ

雪[ゆき] 눈
初雪[はつゆき] 첫눈

훈독
ゆき

✏️ 단어 속 한자를 써보며 연습하세요!

雨天 우천(비 오는 날씨) 雨 비 雨風 비바람 大雨 큰 비

雨 雨 雨

雨雨雨雨雨雨雨雨

お風呂 목욕, 욕실, 욕조 台風 태풍 風 바람 追い風 순풍

風 風 風

風風風風風風風風風

雲海 구름 바다 雲上 구름 위 雲 구름 雲間 구름 사이

雲 雲 雲

雲雲雲雲雲雲雲雲雲雲雲雲

雪原 설원 雪 눈 初雪 첫눈

雪 雪 雪

雪雪雪雪雪雪雪雪雪雪雪

첫째마당 : 04마디 | 자연·자연현상

🎧 한자가 쓰인 단어를 먼저 들어보세요!

077

晴 갤 청

- 快晴[かいせい] 쾌청
- 晴れる[はれる] ② (날이)개다
- 晴れ[はれ] 맑음, 맑은 날씨

음독: せい
훈독: はれる

078

光 빛 광

- 光速[こうそく] 광속
- 観光[かんこう] 관광
- 観光客[かんこうきゃく] 관광객
- 観光地[かんこうち] 관광지
- 光る[ひかる] ① 빛나다
- 光[ひかり] 빛

음독: こう
훈독: ひかる / ひかり

잠깐만요!

모양이 비슷해서 헷갈리기 쉬운 한자
비슷하게 생겨서 헷갈리기 쉬운 한자들을 본책의 쪽수와 함께 정리해 드릴게요!

木 목 (016쪽)	大 대 (034쪽)	内 내 (032쪽)	日 일 (082쪽)	問 문 (104쪽)	待 대 (166쪽)
本 본 (090쪽)	犬 견 (066쪽)	肉 육 (072쪽)	目 목 (050쪽)	間 간 (030쪽)	持 지 (166쪽)
	太 태 (166쪽)		白 백 (066쪽)	聞 문 (086쪽)	
			自 자 (116쪽)		

✎ 단어 속 한자를 써보며 연습하세요!

快晴 쾌청　**晴れる** ②(날이)개다　**晴れ** 맑음, 맑은 날씨

晴　晴　晴

晴晴晴晴晴晴晴晴晴晴

光速 광속　**観光** 관광　**観光地** 관광지　**光る** ①빛나다

光　光　光

光光光光光光

04 마디 ― 자연·자연현상

✐ 잘 안 외워지는 한자를 자유롭게 써보세요!

 **첫째마당 : 05마디** | 사람・신체

🎧 한자가 쓰인 단어를 먼저 들어보세요!

079

目 눈 목

注目[ちゅうもく] 주목
目的地[もくてきち] 목적지

음독
もく

目[め] 눈
見た目[みため] 겉보기
お目にかかる[おめにかかる] ① 뵙다
お目にかける[おめにかける]
② 보여드리다

훈독
め

080

口 입 구

人口[じんこう] 인구
口調[くちょう] 어조, 말투

음독
こう
く

口[くち] 입
口紅[くちべに] 립스틱

훈독
くち

081

耳 귀 이

耳鼻科[じびか] 이비인후과

음독
じ

耳[みみ] 귀

훈독
みみ

082

手 손 수

手段[しゅだん] 수단
歌手[かしゅ] 가수
選手[せんしゅ] 선수

음독
しゅ

手[て] 손
手紙[てがみ] 편지
相手[あいて] 상대

훈독
て

050

단어 속 한자를 써보며 연습하세요!

注**目** 주목　**目**的地 목적지　見た**目** 겉보기　お**目**にかかる ①뵙다

05 마디 — 사람·신체

目 冂 月 目 目

人**口** 인구　**口**調 어조, 말투　**口** 입　**口**紅 립스틱

口 冂 口

耳鼻科 이비인후과　**耳** 귀

耳 二 FF 耳 耳

手段 수단　歌**手** 가수　**手**紙 편지　相**手** 상대

手 手 手 手

051

첫째마당 : 05마디 | 사람·신체

🎧 한자가 쓰인 단어를 먼저 들어보세요!

083

足
발 족

不足[ふそく] 부족

음독
そく

足[あし] 발
足跡[あしあと] 발자국
足す[たす] ① 추가하다
足りる[たりる] ② 족하다

훈독
あし
たす
たりる

084

顔
얼굴 안

洗顔[せんがん] 세안

음독
がん

顔[かお] 얼굴
顔色[かおいろ] 안색
顔写真[かおじゃしん] 얼굴 사진

훈독
かお

085

首
머리 수

首相[しゅしょう] 수상
首都[しゅと] 수도

음독
しゅ

首[くび] 목
手首[てくび] 손목
足首[あしくび] 발목

훈독
くび

086

頭
머리 두

先頭[せんとう] 선두
頭痛[ずつう] 두통

음독
とう
ず

頭[あたま] 머리
頭に来る[あたまにくる] ③ 열받다

훈독
あたま

✏️ 단어 속 한자를 써보며 연습하세요!

05 마디 — 사람·신체

不足 부족　足跡 발자국　足す ①추가하다　足りる ②족하다

足　足　足

足 足 足 足 足 足

洗顔 세안　顔 얼굴　顔色 안색　顔写真 얼굴 사진

顔　顔　顔

顔 顔 顔 顔 顔 顔 顔 顔 顔 顔 顔 顔 顔

首相 수상　首都 수도　首 목　足首 발목

首　首　首

首 首 首 首 首 首 首 首

先頭 선두　頭痛 두통　頭 머리　頭に来る ③열받다

頭　頭　頭

頭 頭 頭 頭 頭 頭 頭 頭 頭 頭 頭 頭 頭 頭

첫째마당 : 05마디 | 사람·신체

🎧 한자가 쓰인 단어를 먼저 들어보세요!

087

体
몸 체

- 固**体**[こ**たい**] 고체
- 液**体**[えき**たい**] 액체
- 気**体**[き**たい**] 기체
- 大**体**[だい**たい**] 대체로, 대강
- 団**体**[だん**たい**] 단체

음독: **たい**

- **体**[**からだ**] 몸

훈독: **からだ**

088

身
몸 신

- **身**長[**しん**ちょう] 신장, 키
- 出**身**[しゅっ**しん**] 출신
- 独**身**主義[どく**しん** しゅぎ] 독신주의

음독: **しん**

- **身**分証[**み**ぶんしょう] 신분증
- **身**分証明書[**み**ぶん しょうめいしょ] 신분 증명서

훈독: **み**

089

力
힘 력

- 協**力**[きょう**りょく**] 협력
- 努**力**[ど**りょく**] 노력
- 暴**力**[ぼう**りょく**] 폭력
- 経済**力**[けいざい**りょく**] 경제력
- **力**士[**りき**し] 리키시(스모 선수)

음독: **りょく** / **りき**

- **力**[**ちから**] 힘

훈독: **ちから**

090

声
소리 성

- **声**楽[**せい**がく] 성악
- 音**声**[おん**せい**] 음성
- 発**声**[はっ**せい**] 발성

음독: **せい**

- **声**[**こえ**] 목소리

훈독: **こえ**

054

✎ 단어 속 한자를 써보며 연습하세요!

気体 기체　**大体** 대체로, 대강　**団体** 단체　**体** 몸

体 体 体 什 休 休 体

身長 신장, 키　**出身** 출신　**独身主義** 독신주의　**身分証** 신분증

身 身 身 身 身 身

協力 협력　**努力** 노력　**力士** 리키시(스모 선수)　**力** 힘

力 力

声楽 성악　**音声** 음성　**発声** 발성　**声** 목소리

声 声 声 声 声 声 声

첫째마당 : 05마디 | 사람·신체

🎧 한자가 쓰인 단어를 먼저 들어보세요!

091 心 (마음 심)

- 心配[しんぱい] 걱정
- 安心[あんしん] 안심
- 関心[かんしん] 관심
- 熱心な[ねっしんな] 열성적인

음독: しん

- 心[こころ] 마음

훈독: こころ

092 私 (사사 사)

- 私立[しりつ] 사립
- 私服[しふく] 사복

음독: し

- 私[わたし] 나, 저
- 私たち[わたしたち] 우리들, 저희들
- 私[わたくし] 저(매우 공손함)

훈독: わたし / わたくし

093 男 (남자 남)

- 男性[だんせい] 남성
- 男子[だんし] 남자
- 長男[ちょうなん] 장남

음독: だん / なん

- 男[おとこ] 남자
- 男の子[おとこのこ] 남자아이
- 男の人[おとこのひと] 남자

훈독: おとこ

094 女 (여자 녀)

- 女性[じょせい] 여성
- 彼女[かのじょ] 여자 친구
- 男女[なんにょ] 남녀

음독: じょ / にょ

- 女[おんな] 여자
- 女の子[おんなのこ] 여자아이
- 女の人[おんなのひと] 여자

훈독: おんな

★ 男女는 일상적으로는 だんじょ로 읽는 경우가 많아요.

✏️ 단어 속 한자를 써보며 연습하세요!

05 마디 — 사람·신체

| 心配 걱정 | 関心 관심 | 熱心な 열성적인 | 心 마음 |

心 心 心

心 心 心 心

| 私立 사립 | 私服 사복 | 私 나, 저 | 私たち 우리들, 저희들 |

私 私 私

私 私 私 私 私 私 私

| 男性 남성 | 長男 장남 | 男の子 남자아이 | 男の人 남자 |

男 男 男

男 男 男 男 男 男 男

| 女性 여성 | 男女 남녀 | 女の子 여자아이 | 女の人 여자 |

女 女 女

女 女 女

 **첫째마당 : 06마디 | 가족・인간관계**

🎧 한자가 쓰인 단어를 먼저 들어보세요!

095

親
친할 친

親切な[しんせつな] 친절한 親戚[しんせき] 친척 親友[しんゆう] 절친 両親[りょうしん] 부모, 양친	음독 しん
親[おや] 부모, 어버이 親しい[したしい] 친하다	훈독 おや したしい

096

父
아버지 부

祖父[そふ] 할아버지(높이지 않는 호칭) 祖父母[そふぼ] 조부모	음독 ふ
父[ちち] 아버지(높이지 않는 호칭) [예외] お父さん[おとうさん] 아버지	훈독 ちち

097

母
어머니 모

祖母[そぼ] 할머니(높이지 않는 호칭) 父母[ふぼ] 부모	음독 ぼ
母[はは] 어머니(높이지 않는 호칭) 義理の母[ぎりのはは] 시어머니, 장모 [예외] お母さん[おかあさん] 어머니	훈독 はは

098

子
아들 자

帽子[ぼうし] 모자 お菓子[おかし] 과자 椅子[いす] 의자	음독 し す
子[こ] 아이 子供[こども] 아이, 자녀, 어린이 息子[むすこ] 아들	훈독 こ

058

✏ 단어 속 한자를 써보며 연습하세요!

| 親切な 친절한 | 親友 절친 | 親 부모, 어버이 | 親しい 친하다 |

親 親 親

親 親 親 親 親 親 親 親 親 親

| 祖父 할아버지 | 祖父母 조부모 | 父 아버지(높이지 않는 호칭) | お父さん 아버지 |

父 父 父

父 父 父 父

| 祖母 할머니 | 父母 부모 | 母 어머니(높이지 않는 호칭) | お母さん 어머니 |

母 母 母

母 母 母 母 母

| お菓子 과자 | 椅子 의자 | 子供 아이, 자녀, 어린이 | 息子 아들 |

子 子 子

子 子 子

06 마디 — 가족・인간관계

059

첫째마당 : 06마디 | 가족·인간관계

🎧 한자가 쓰인 단어를 먼저 들어보세요!

099

兄
형 **형**

兄弟[きょうだい] 형제

兄[あに] 형, 오빠(높이지 않는 호칭)
[예외] お兄さん[おにいさん] 형, 오빠

음독: きょう
훈독: あに

100

弟
아우 **제**

義兄弟[ぎきょうだい] 의형제

弟[おとうと] 남동생
弟さん[おとうとさん] 남동생 분

음독: だい
훈독: おとうと

101

姉
윗누이 **자**

姉妹[しまい] 자매

姉[あね] 누나, 언니(높이지 않는 호칭)
[예외] お姉さん[おねえさん] 누나, 언니

음독: し
훈독: あね

102

妹
누이 **매**

三姉妹[さんしまい] 세 자매

妹[いもうと] 여동생
妹さん[いもうとさん] 여동생 분

음독: まい
훈독: いもうと

060

06 마디 — 가족·인간관계

兄弟 형제　**兄** 형, 오빠(높이지 않는 호칭)　**お兄さん** 형, 오빠

兄　兄　兄

兄兄兄兄兄

義兄弟 의형제　**弟** 남동생　**弟さん** 남동생 분

弟　弟　弟

弟弟弟弟弟弟弟

姉妹 자매　**姉** 누나, 언니(높이지 않는 호칭)　**お姉さん** 누나, 언니

姉　姉　姉

姉姉姉姉姉姉姉姉

三姉妹 세 자매　**妹** 여동생　**妹さん** 여동생 분

妹　妹　妹

妹妹妹妹妹妹妹妹

061

첫째마당 : 06마디 | 가족・인간관계

🎧 한자가 쓰인 단어를 먼저 들어보세요!

103

友

벗 우

- 友人[ゆうじん] 친구
- 友情[ゆうじょう] 우정
- 親友[しんゆう] 절친

음독
ゆう

- 友達[ともだち] 친구

훈독
とも

104

主

주인 주

- 主婦[しゅふ] 주부
- 主人[しゅじん] 남편, 주인
- 主人公[しゅじんこう] 주인공
- 主任[しゅにん] 주임(님)

음독
しゅ

105

王

임금 왕

- 王様[おうさま] 왕, 임금님
- 王子[おうじ] 왕자
- 国王[こくおう] 국왕
- 女王[じょおう] 여왕

음독
おう

106

民

백성 민

- 民族[みんぞく] 민족
- 民主[みんしゅ] 민주
- 国民[こくみん] 국민
- 市民[しみん] 시민
- 住民[じゅうみん] 주민

음독
みん

✏ 단어 속 한자를 써보며 연습하세요!

友人 친구　**友情** 우정　**親友** 절친　**友達** 친구

友　友　友

友 友 友 友

主婦 주부　**主人** 남편, 주인　**主人公** 주인공　**主任** 주임(님)

主　主　主

主 主 主 主 主

王様 왕, 임금님　**王子** 왕자　**国王** 국왕　**女王** 여왕

王　王　王

王 王 王 王

民族 민족　**民主** 민주　**国民** 국민　**市民** 시민

民　民　民

民 民 民 民 民

06 마디 — 가족·인간관계

 **첫째마당 : 07마디** | 색깔・동식물

🎧 한자가 쓰인 단어를 먼저 들어보세요!

107

色
빛 **색**

| 特色[とくしょく] 특색 | 음독 |
| 景色[けしき] 경치 | しょく / しき |

色[いろ] 색, 색깔	훈독
茶色[ちゃいろ] 갈색	いろ
何色[なにいろ] 무슨 색	
色々な[いろいろな] 여러 가지의	

108

赤
붉을 **적**

| 赤道[せきどう] 적도 | 음독 |
| | せき |

赤[あか] 빨강, 빨간색	훈독
赤ちゃん[あかちゃん] 아기	あか
赤ん坊[あかんぼう] 아기	
赤い[あかい] 빨갛다, 붉다	

109

青
푸를 **청**

| 青春[せいしゅん] 청춘 | 음독 |
| 青年[せいねん] 청년 | せい |

青[あお] 파랑, 파란색	훈독
青色[あおいろ] 파란색	あお
青い[あおい] 파랗다, 푸르다	

110

黄
누를 **황**

| 黄土[おうど] 황토 | 음독 |
| 黄金[おうごん] 황금 | おう |

| 黄色[きいろ] 노랑, 노란색 | 훈독 |
| 黄色い[きいろい] 노랗다 | き |

단어 속 한자를 써보며 연습하세요!

特色 특색　**景色** 경치　**色** 색, 색깔　**何色** 무슨 색

07 마디 — 색깔 · 동식물

色 色 色 色 色 色

赤道 적도　**赤** 빨강, 빨간색　**赤ちゃん** 아기　**赤い** 빨갛다, 붉다

赤 赤 赤 赤 赤 赤 赤

青春 청춘　**青年** 청년　**青** 파랑, 파란색　**青い** 파랗다, 푸르다

青 青 青 青 青 青 青 青

黄土 황토　**黄金** 황금　**黄色** 노랑, 노란색　**黄色い** 노랗다

黄 黄 黄 黄 黄 黄 黄 黄 黄 黄

첫째마당 · 07마디 | 색깔 · 동식물

🎧 한자가 쓰인 단어를 먼저 들어보세요!

111

白
흰 백

告白 [こくはく] 고백

음독
はく

白 [しろ] 하양, 흰색
白い [しろい] 하얗다, 희다
面白い [おもしろい] 재미있다

훈독
しろ

112

黒
검을 흑

黒板 [こくばん] 칠판

음독
こく

黒 [くろ] 검정, 검은색
黒色 [くろいろ] 검은색
黒い [くろい] 까맣다, 검다

훈독
くろ

113

魚
물고기 어

金魚 [きんぎょ] 금붕어

음독
ぎょ

魚 [さかな] 생선, 물고기
魚屋 [さかなや] 생선가게
魚料理 [さかな りょうり] 생선 요리

훈독
さかな

114

犬
개 견

盲導犬 [もうどうけん]
시각장애인 안내견
介助犬 [かいじょけん] 장애인 보조견

음독
けん

犬 [いぬ] 개
子犬 [こいぬ] 강아지

훈독
いぬ

✏️ 단어 속 한자를 써보며 연습하세요!

07 마디 — 색깔·동식물

| 告白 고백 | 白 하양, 흰색 | 白い 하얗다, 희다 | 面白い 재미있다 |

白 白 白

白 白 白 白 白

| 黒板 칠판 | 黒 검정, 검은색 | 黒色 검은색 | 黒い 까맣다, 검다 |

黒 黒 黒

黒 黒 黒 黒 黒 黒 黒 黒 黒 黒

| 金魚 금붕어 | 魚 생선, 물고기 | 魚屋 생선가게 | 魚料理 생선 요리 |

魚 魚 魚

魚 魚 魚 魚 魚 魚 魚 魚 魚

| 盲導犬 시각장애인 안내견 | 介助犬 장애인 보조견 | 犬 개 | 子犬 강아지 |

犬 犬 犬

犬 犬 犬 犬

067

첫째마당 | **07마디** | 색깔·동식물

🎧 한자가 쓰인 단어를 먼저 들어보세요!

115

牛
소 **우**

牛乳[ぎゅうにゅう] 우유
牛肉[ぎゅうにく] 소고기
和牛[わぎゅう] 일본 소

[음독] ぎゅう

牛[うし] 소

[훈독] うし

116

鳥
새 **조**

一石二鳥[いっせき にちょう] 일석이조

[음독] ちょう

鳥[とり] 새
鳥居[とりい] 신사의 문
小鳥[ことり] 작은 새

[훈독] とり

117

花
꽃 **화**

花瓶[かびん] 꽃병

[음독] か

花[はな] 꽃
花見[はなみ] 꽃구경, 꽃놀이
花束[はなたば] 꽃다발
花屋[はなや] 꽃집
花火[はなび] 불꽃놀이

[훈독] はな

118

林
수풀 **림**

山林[さんりん] 산림
森林[しんりん] 삼림

[음독] りん

林[はやし] 숲

[훈독] はやし

✎ 단어 속 한자를 써보며 연습하세요!

牛乳 우유　**牛肉** 소고기　**和牛** 일본 소　**牛** 소

牛　牛　牛

牛 牛 牛 牛

一石二鳥 일석이조　**鳥** 새　**鳥居** 신사의 문　**小鳥** 작은 새

鳥　鳥　鳥

鳥 鳥 鳥 鳥 鳥 鳥 鳥 鳥 鳥 鳥 鳥

花瓶 꽃병　**花見** 꽃구경, 꽃놀이　**花屋** 꽃집　**花火** 불꽃놀이

花　花　花

花 花 花 花 花 花 花

山林 산림　**森林** 삼림　**林** 숲

林　林　林

林 林 林 林 林 林 林 林

 **첫째마당** : **08마디** | 일상생활

🎧 한자가 쓰인 단어를 먼저 들어보세요!

119

円
화폐 단위 **엔**
둥글 **원**

五十**円**[ごじゅう**えん**] 50엔
百**円**[ひゃく**えん**] 100엔
三千**円**[さんぜん**えん**] 3,000엔
六万**円**[ろくまん**えん**] 60,000엔

음독
えん

円い[**まる**い] 둥글다

훈독
まるい

120

車
수레 **차·거**

電**車**[でん**しゃ**] 전철
自転**車**[じてん**しゃ**] 자전거
自動**車**[じどう**しゃ**] 자동차
駐**車**場[ちゅう**しゃ**じょう] 주차장

음독
しゃ

車[**くるま**] 차(자동차)
車椅子[**くるま**いす] 휠체어

훈독
くるま

121

門
문 **문**

門[**もん**] 대문
正**門**[せい**もん**] 정문
専**門**[せん**もん**] 전문
専**門**家[せん**もん**か] 전문가

음독
もん

122

紙
종이 **지**

紙幣[**し**へい] 지폐
白**紙**[はく**し**] 백지

음독
し

紙[**かみ**] 종이
紙袋[**かみ**ぶくろ] 종이 가방

훈독
かみ

百円 100엔　三千円 3,000엔　六万円 60,000엔　円い 둥글다

円 円 円 円

電車 전철　駐車場 주차장　車 차(자동차)　車椅子 휠체어

車 車 車 車 車 車 車

門 대문　正門 정문　専門 전문　専門家 전문가

門 門 門 門 門 門 門 門

紙幣 지폐　白紙 백지　紙 종이　紙袋 종이 가방

紙 紙 紙 紙 紙 紙 紙 紙 紙 紙

첫째마당 : 08마디 | 일상생활

🎧 한자가 쓰인 단어를 먼저 들어보세요!

123

薬 약 약

- 薬品[やくひん] 약품
- 薬学[やくがく] 약학
- 農薬[のうやく] 농약

음독: やく

- 薬[くすり] 약
- 薬屋[くすりや] 약국

훈독: くすり

124

飯 밥 반

- ご飯[ごはん] 밥
- 夕飯[ゆうはん] 저녁밥
- 朝ご飯[あさごはん] 아침밥
- 昼ご飯[ひるごはん] 점심밥
- 晩ご飯[ばんごはん] 저녁밥

음독: はん

- 飯[めし] 밥(거친 말투)

훈독: めし

125

肉 고기 육

- 肉[にく] 고기
- 焼肉[やきにく] 고기 구워 먹는 것
- とり肉[とりにく] 닭고기
- 豚肉[ぶたにく] 돼지고기
- 牛肉[ぎゅうにく] 소고기

음독: にく

126

米 쌀 미

- 米国[べいこく] 미국

음독: べい

- 米[こめ] 쌀
- 米印[こめじるし] 별표(※)

훈독: こめ

✎ 단어 속 한자를 써보며 연습하세요!

薬品 약품　農薬 농약　薬 약　薬屋 약국

薬　薬　薬

薬薬薬薬薬薬薬薬薬薬薬薬

朝ご飯 아침밥　昼ご飯 점심밥　晩ご飯 저녁밥　飯 밥(거친 말투)

飯　飯　飯

飯飯飯飯飯飯飯飯飯飯

焼肉 고기 구워 먹는 것　とり肉 닭고기　豚肉 돼지고기　牛肉 소고기

肉　肉　肉

肉肉肉肉肉肉

米国 미국　米 쌀　米印 별표(※)

米　米　米

米米米米米米

08 마디 — 일상생활

073

첫째마당 : 08마디 | 일상생활

🎧 한자가 쓰인 단어를 먼저 들어보세요!

127

茶
차 다·차

- お茶[おちゃ] (마시는)차
- お茶碗[おちゃわん] 밥공기, 찻종
- 紅茶[こうちゃ] 홍차
- 緑茶[りょくちゃ] 녹차
- 茶道[さどう] 다도

음독
ちゃ
さ

128

酒
술 주

- 禁酒[きんしゅ] 금주

음독
しゅ

- 酒[さけ] 술
- 酒癖[さけぐせ] 술버릇
- 酒屋[さかや] 주류 (전문)판매점

훈독
さけ
さか

129

歌
노래 가

- 歌手[かしゅ] 가수
- 校歌[こうか] 교가

음독
か

- 歌[うた] 노래
- 歌う[うたう] ① (노래를)부르다

훈독
うた
うたう

130

図
그림 도

- 図[ず] 그림
- 地図[ちず] 지도
- 案内図[あんないず] 안내도
- 図書館[としょかん] 도서관

음독
ず
と

🖉 단어 속 한자를 써보며 연습하세요!

08 마디 — 일상생활

| お**茶** (마시는)차 | お**茶**碗 밥공기, 찻종 | 紅**茶** 홍차 | **茶**道 다도 |

| 茶 | 茶 | 茶 | | | |

茶 茶 茶 茶 茶 茶 茶 茶 茶

| 禁**酒** 금주 | **酒** 술 | **酒**癖 술버릇 | **酒**屋 주류 (전문)판매점 |

| 酒 | 酒 | 酒 | | | |

酒 酒 酒 酒 酒 酒 酒 酒 酒 酒

| **歌**手 가수 | 校**歌** 교가 | **歌** 노래 | **歌**う ①(노래를)부르다 |

| 歌 | 歌 | 歌 | | | |

歌 歌 歌 歌 歌 歌 歌 歌 歌 歌 歌 歌 歌 歌

| **図** 그림 | 地**図** 지도 | 案内**図** 안내도 | **図**書館 도서관 |

| 図 | 図 | 図 | | | |

図 図 図 図 図 図 図

075

 **첫째마당 : 08마디** | 일상생활

🎧 한자가 쓰인 단어를 먼저 들어보세요!

131 品 물건 품

商品[しょうひん] 상품
商品券[しょうひんけん] 상품권
食品[しょくひん] 식품
製品[せいひん] 제품
展示品[てんじひん] 전시품

品物[しなもの] 물건, 물품

음독 **ひん**

훈독 **しな**

132 台 토대 대

台所[だいどころ] 주방
台本[だいほん] 대본
灯台[とうだい] 등대
台湾[たいわん] 대만
台風[たいふう] 태풍
屋台[やたい] 야타이(포장마차)

음독 **だい / たい**

133 用 쓸 용

用意[ようい] 준비
用事[ようじ] 볼일
費用[ひよう] 비용
利用[りよう] 이용
器用な[きような] (손)재주가 있는

음독 **よう**

134 質 바탕 질

質問[しつもん] 질문
性質[せいしつ] 성질
品質[ひんしつ] 품질
材質[ざいしつ] 재질
質屋[しちや] 전당포

음독 **しつ / しち**

✏ 단어 속 한자를 써보며 연습하세요!

商品 상품　**食品** 식품　**製品** 제품　**品物** 물건, 물품

品　品　品

品 品 品 品 品 品 品 品

08 마디 ― 일상생활

台所 주방　**灯台** 등대　**台湾** 대만　**台風** 태풍

台　台　台

台 台 台 台 台

用事 볼일　**費用** 비용　**利用** 이용　**器用な** (손)재주가 있는

用　用　用

用 用 用 用 用

質問 질문　**性質** 성질　**材質** 재질　**質屋** 전당포

質　質　質

質 質 質 質 質 質 質 質 質 質 質 質 質

첫째마당 : 08마디 | 일상생활

🎧 한자가 쓰인 단어를 먼저 들어보세요!

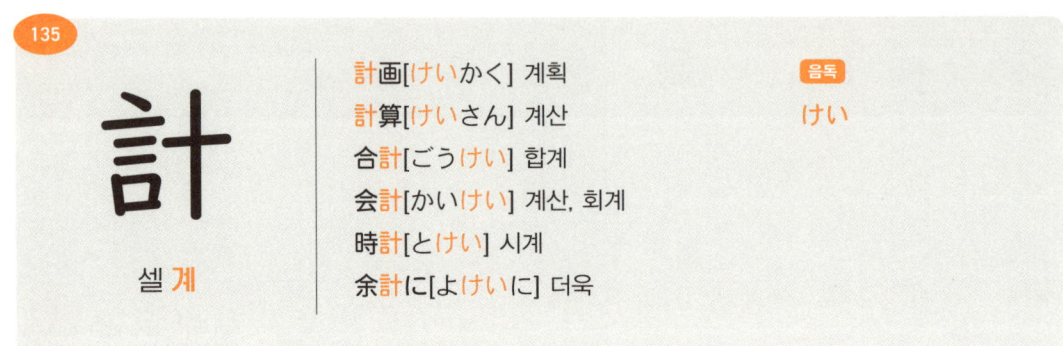

135

計
셀 계

計画[けいかく] 계획
計算[けいさん] 계산
合計[ごうけい] 합계
会計[かいけい] 계산, 회계
時計[とけい] 시계
余計に[よけいに] 더욱

음독
けい

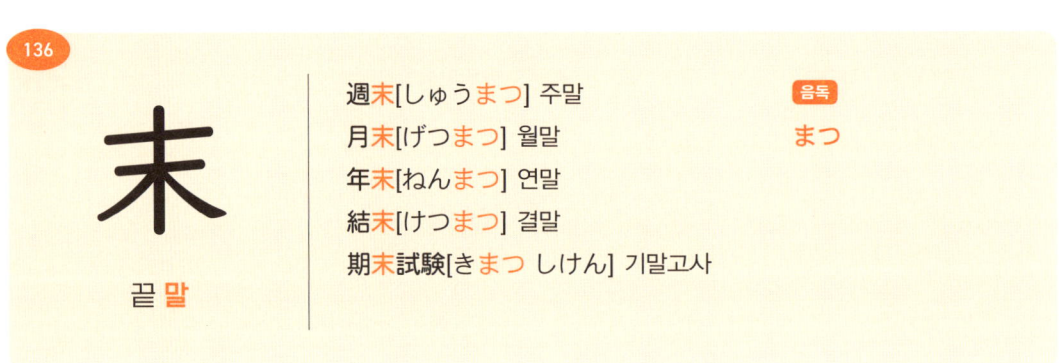

136

末
끝 말

週末[しゅうまつ] 주말
月末[げつまつ] 월말
年末[ねんまつ] 연말
結末[けつまつ] 결말
期末試験[きまつ しけん] 기말고사

음독
まつ

| 잠깐만요! |

한국와 일본에서 다른 뜻으로 사용하는 한자어

한국과 일본 모두 사용하는 한자어인데 뜻이 다른 것들이 있어요. 실수하지 않도록 잘 기억해 두세요!

한자어	일본 독음	한국 독음	일본어 뜻
大丈夫	だいじょうぶ	대장부	괜찮다
工夫	くふう	공부	궁리함
愛人	あいじん	애인	정부(불륜 상대)
真面目	まじめ	진면목	진지함
冷静	れいせい	냉정	침착함
真剣	しんけん	진검	진지함, 진심임

🖉 단어 속 한자를 써보며 연습하세요!

| 計画 계획 | 計算 계산 | 時計 시계 | 余計に 더욱 |

計　計　計

計 計 計 計 計 計 計 計

| 週末 주말 | 月末 월말 | 年末 연말 | 期末試験 기말고사 |

末　末　末

末 末 末 末 末

08
마디 — 일상생활

😊 잘 안 외워지는 한자를 자유롭게 써보세요!

079

단어로 익히자!

09마디 | 두 글자 명사
10마디 | 주요 형용사
11마디 | 주요 동사

둘째마당 : 09마디 | 두 글자 명사

🎧 한자가 쓰인 단어를 먼저 들어보세요!

137 時 (때 시)

時間[じかん] 시간	음독
何時[なんじ] 몇 시	じ
時代[じだい] 시대	
時期[じき] 시기	

| 時[とき] 때 | 훈독 |
| | とき |

138 代 (대신할 대)

代金[だいきん] 대금	음독
電気代[でんきだい] 전기세	だい
水道代[すいどうだい] 수도 요금	

| 代わる[かわる]② 대신하다 | 훈독 |
| 代わりに[かわりに] 대신에 | かわる |

139 曜 (빛날 요)

曜日[ようび] 요일	음독
月曜日[げつようび] 월요일	よう
水曜日[すいようび] 수요일	
金曜日[きんようび] 금요일	
何曜日[なんようび] 무슨 요일	

140 日 (날 일)

日曜[にちよう] 일요(일)	음독
一日[いちにち] 하루	にち
休日[きゅうじつ] 휴일	じつ

日[ひ] 날, 해(태양)	훈독
日の出[ひので] 일출, 해돋이	ひ
日帰り[ひがえり] 당일치기	

단어 속 한자를 써보며 연습하세요!

時間 시간　**時代** 시대　**時期** 시기　**時** 때

時　時　時

時時時時時時時時

代金 대금　**電気代** 전기세　**水道代** 수도 요금　**代わりに** 대신에

代　代　代

代代代代代

09 마디 二 두 글자 명사

曜日 요일　**月曜日** 월요일　**金曜日** 금요일　**何曜日** 무슨 요일

曜　曜　曜

曜曜曜曜曜曜曜曜曜曜曜曜曜曜曜曜曜曜

一日 하루　**休日** 휴일　**日** 날, 해(태양)　**日の出** 일출, 해돋이

日　日　日

日日日日

083

둘째마당 : 09마디 | 두 글자 명사

🎧 한자가 쓰인 단어를 먼저 들어보세요!

141

人 사람 인

- 人生[じんせい] 인생
- 韓国人[かんこくじん] 한국인
- 外国人[がいこくじん] 외국인
- 人形[にんぎょう] 인형
- 人数[にんずう] 인원수

음독
じん
にん

- 人[ひと] 사람

훈독
ひと

142

生 날 생

- 先生[せんせい] 선생님
- 中学生[ちゅうがくせい] 중학생
- 高校生[こうこうせい] 고등학생
- 大学生[だいがくせい] 대학생

음독
せい

- 生まれる[うまれる] ② 태어나다
- 生きる[いきる] ② 살다

훈독
うまれる
いきる

143

会 모을 회

- 会議[かいぎ] 회의
- 会場[かいじょう] 행사장, 모임 장소
- 学会[がっかい] 학회

음독
かい

- 会う[あう] ① 만나다

훈독
あう

144

社 모일 사

- 社長[しゃちょう] 사장(님)
- 社員[しゃいん] 사원
- 会社[かいしゃ] 회사
- 入社[にゅうしゃ] 입사
- 新聞社[しんぶんしゃ] 신문사

음독
しゃ

✏️ 단어 속 한자를 써보며 연습하세요!

人生 인생	韓国人 한국인	人形 인형	人 사람
人	人	人	

人人

先生 선생님	大学生 대학생	生まれる ②태어나다	生きる ②살다
生	生	生	

生生生生生

会議 회의	会場 행사장, 모임 장소	学会 학회	会う ①만나다
会	会	会	

会会会会会会

社長 사장(님)	社員 사원	会社 회사	入社 입사
社	社	社	

社社社社社社

09 마디 — 두 글자 명사

둘째마당 : 09마디 | 두 글자 명사

🎧 한자가 쓰인 단어를 먼저 들어보세요!

145
仕 섬길 사

- 仕事[しごと] 일
- 仕事帰り[しごと がえり] 퇴근길
- 仕方がない[しかたが ない] 어쩔 수가 없다

음독: し

146
事 일 사

- 事故[じこ] 사고
- 事実[じじつ] 사실
- 食事[しょくじ] 식사
- 家事[かじ] 집안일
- 無事な[ぶじな] 무사한
- 大事な[だいじな] 중요한, 소중한

음독: じ

- 事[こと] 것, 일

훈독: こと

147
新 새로울 신

- 新学期[しんがっき] 새학기
- 新鮮な[しんせんな] 신선한
- 新入社員[しんにゅう しゃいん] 신입사원

음독: しん

- 新しい[あたらしい] 새로운

훈독: あたらしい

148
聞 들을 문

- 新聞[しんぶん] 신문
- 新聞社[しんぶんしゃ] 신문사

음독: ぶん

- 聞く[きく] ① 듣다, 묻다
- 聞こえる[きこえる] ② 들리다

훈독: きく / きこえる

✏ 단어 속 한자를 써보며 연습하세요!

| 仕事 일 | 仕事帰り 퇴근길 | 仕方がない 어쩔 수가 없다 |

仕 仕 仕

仕 仕 仕 仕 仕

| 事故 사고 | 食事 식사 | 大事な 중요한, 소중한 | 事 것, 일 |

事 事 事

事 事 事 事 事 事 事

09 마디 — 두 글자 명사

| 新学期 새학기 | 新鮮な 신선한 | 新入社員 신입사원 | 新しい 새로운 |

新 新 新

新 新 新 新 新 新 新 新 新 新

| 新聞 신문 | 新聞社 신문사 | 聞く ①듣다, 묻다 | 聞こえる ②들리다 |

聞 聞 聞

聞 聞 聞 聞 聞 聞 聞 聞 聞 聞 聞

087

둘째마당 : 09마디 | 두 글자 명사

🎧 한자가 쓰인 단어를 먼저 들어보세요!

149

説
말씀 **설**

説明[せつめい] 설명
解説[かいせつ] 해설
小説[しょうせつ] 소설

説く[とく] ① 설명하다, 설득하다

음독
せつ

훈독
とく

150

明
밝을 **명**

証明書[しょうめいしょ] 증명서

明るい[あかるい] 밝다
明ける[あける] ② 날이 밝다
[예외] 明日[あした] 내일
　　　 明後日[あさって] 모레

음독
めい

훈독
あかるい
あける

151

勉
힘쓸 **면**

勉強[べんきょう] 공부
勉強する[べんきょうする] ③ 공부하다
勤勉[きんべん] 근면

음독
べん

152

強
강할 **강**

強制[きょうせい] 강제

強い[つよい] 세다, 강하다
強く[つよく] 세게, 강하게

음독
きょう

훈독
つよい

✎ 단어 속 한자를 써보며 연습하세요!

説明 설명　**解説** 해설　**小説** 소설　**説く** ①설명하다, 설득하다

説　説　説

説 説 説 説 説 説 説 説 説 説 説

証明書 증명서　**明るい** 밝다　**明ける** ②날이 밝다　**明日** 내일

明　明　明

明 明 明 明 明 明 明 明

09 마디 ― 두 글자 명사

勉強 공부　**勉強する** ③공부하다　**勤勉** 근면

勉　勉　勉

勉 勉 勉 勉 勉 勉 勉 勉

強制 강제　**強い** 세다, 강하다　**強く** 세게, 강하게

強　強　強

強 強 強 強 強 強 強 強 強 強

089

둘째마당 : 09마디 | 두 글자 명사

🎧 한자가 쓰인 단어를 먼저 들어보세요!

153
本 근본 본

- 本[ほん] 책
- 本当[ほんとう] 정말임, 진실
- 本棚[ほんだな] 책장
- 日本[にほん] 일본
- 日本語[にほんご] 일본어

음독: ほん

154
屋 집 옥

- 屋上[おくじょう] 옥상

음독: おく

- 部屋[へや] 방
- 本屋[ほんや] 서점
- 薬屋[くすりや] 약국
- 魚屋[さかなや] 생선가게
- お菓子屋[おかしや] 과자가게

훈독: や

155
店 가게 점

- 店員[てんいん] 점원
- 店内[てんない] 점포 안
- 当店[とうてん] 저희 가게
- 百貨店[ひゃっかてん] 백화점

음독: てん

- 店[みせ] 가게

훈독: みせ

156
員 인원 원

- 会員[かいいん] 회원
- 職員[しょくいん] 직원
- 全員[ぜんいん] 전원
- 係員[かかりいん] 담당자
- 会社員[かいしゃいん] 회사원
- 銀行員[ぎんこういん] 은행원

음독: いん

✏ 단어 속 한자를 써보며 연습하세요!

本책　本当 정말임, 진실　本棚 책장　日本語 일본어

本　本　本

本 本 木 木 本

屋上 옥상　部屋 방　薬屋 약국　お菓子屋 과자가게

屋　屋　屋

屋 屋 屋 屋 屋 屋 屋 屋 屋

店員 점원　店内 점포 안　百貨店 백화점　店 가게

店　店　店

店 店 店 店 店 店 店 店

職員 직원　全員 전원　係員 담당자　会社員 회사원

員　員　員

員 員 員 員 員 員 員 員 員

09 마디 — 두 글자 명사

091

둘째마당 : 09마디 | 두 글자 명사

🎧 한자가 쓰인 단어를 먼저 들어보세요!

157

料

헤아릴 료

- 料理[りょうり] 요리
- 料金[りょうきん] 요금
- 有料[ゆうりょう] 유료
- 無料[むりょう] 무료
- 給料[きゅうりょう] 월급(급료)
- 食料品[しょくりょうひん] 식료품

음독: りょう

158

理

다스릴 리

- 理由[りゆう] 이유
- 理解[りかい] 이해
- 無理[むり] 무리
- 義理[ぎり] 의리
- 管理費[かんりひ] 관리비

음독: り

159

英

꽃부리 영

- 英語[えいご] 영어
- 英会話[えいかいわ] 영어회화
- 英和辞典[えいわじてん] 영일사전

음독: えい

160

語

말씀 어

- 単語[たんご] 단어
- 韓国語[かんこくご] 한국어
- 日本語[にほんご] 일본어
- 中国語[ちゅうごくご] 중국어
- フランス語[ご] 프랑스어

음독: ご

✏️ 단어 속 한자를 써보며 연습하세요!

| 料理 요리 | 料金 요금 | 無料 무료 | 給料 월급(급료) |

| 料 | 料 | 料 | | | |

料 料 料 料 料 料 料 料

| 理由 이유 | 理解 이해 | 無理 무리 | 義理 의리 |

| 理 | 理 | 理 | | | |

理 理 理 理 理 理 理 理 理

09 마디 - 두 글자 명사

| 英語 영어 | 英会話 영어회화 | 英和辞典 영일사전 |

| 英 | 英 | 英 | | | |

英 英 英 英 英 英 英 英

| 単語 단어 | 韓国語 한국어 | 日本語 일본어 | 中国語 중국어 |

| 語 | 語 | 語 | | | |

語 語 語 語 語 語 語 語 語 語 語 語

 **둘째마당 : 09마디 | 두 글자 명사**

🎧 한자가 쓰인 단어를 먼저 들어보세요!

161

便

편할 **편**

便利な[べんりな] 편리한
不便な[ふべんな] 불편한
郵便局[ゆうびんきょく] 우체국
航空便[こうくうびん] 항공편

음독
べん
びん

162

利

날카로울 **리**

利用[りよう] 이용
利率[りりつ] 이율
金利[きんり] 금리
不利な[ふりな] 불리한

음독
り

163

公

공평할 **공**

公園[こうえん] 공원, 놀이터
主人公[しゅじんこう] 주인공
公務員[こうむいん] 공무원
公衆電話[こうしゅう でんわ] 공중전화
公共料金[こうきょう りょうきん]
공과금(공공요금)

음독
こう

164

園

동산 **원**

動物園[どうぶつえん] 동물원
遊園地[ゆうえんち] 놀이동산(유원지)
庭園[ていえん] 정원
入園[にゅうえん] 입학(유치원)
卒園[そつえん] 졸업(유치원)

음독
えん

✏ 단어 속 한자를 써보며 연습하세요!

便利な 편리한　**不便な** 불편한　**郵便局** 우체국　**航空便** 항공편

便　便　便

便 便 便 便 便 便 便

利用 이용　**利率** 이율　**金利** 금리　**不利な** 불리한

利　利　利

利 利 利 利 利 利 利

公園 공원, 놀이터　**主人公** 주인공　**公務員** 공무원　**公衆電話** 공중전화

公　公　公

公 公 公 公

09 마디 - 두 글자 명사

動物園 동물원　**遊園地** 놀이동산(유원지)　**庭園** 정원　**入園** 입학(유치원)

園　園　園

園 園 園 園 園 園 園 園 園 園

095

둘째마당 : 09마디 | 두 글자 명사

🎧 한자가 쓰인 단어를 먼저 들어보세요!

165
病
병 **병**

病院[びょういん] 병원
病気[びょうき] 병
仮病[けびょう] 꾀병

음독
びょう

166
院
집 **원**

入院[にゅういん] 입원
退院[たいいん] 퇴원
美容院[びよういん] 미용실
大学院[だいがくいん] 대학원

음독
いん

167
試
시험할 **시**

試合[しあい] 시합, 경기
試着[しちゃく] 피팅(옷 입어 봄)
試着室[しちゃくしつ] 피팅 룸

試す[ためす] ① 시도하다, 시험하다

음독
し

훈독
ためす

168
験
시험 **험**

試験[しけん] 시험
中間試験[ちゅうかん しけん] 중간고사
期末試験[きまつ しけん] 기말고사
経験[けいけん] 경험

음독
けん

096

✎ 단어 속 한자를 써보며 연습하세요!

病院 병원　病気 병　仮病 꾀병

病　病　病

病病病病病病病病病

09 마디 － 두 글자 명사

入院 입원　退院 퇴원　美容院 미용실　大学院 대학원

院　院　院

院院院院院院院院院院

試合 시합, 경기　試着 피팅(옷 입어 봄)　試す ①시도하다, 시험하다

試　試　試

試試試試試試試試試試試試

試験 시험　中間試験 중간고사　期末試験 기말고사　経験 경험

験　験　験

験験験験験験験験験験験験験験

097

둘째마당 : 09마디 | 두 글자 명사

🎧 한자가 쓰인 단어를 먼저 들어보세요!

169

運
움길 **운**

運動[うんどう] 운동
運動靴[うんどうぐつ] 운동화
運動会[うんどうかい] 운동회
運転[うんてん] 운전

運ぶ[はこぶ] ① 옮기다

음독
うん

훈독
はこぶ

170

動
움직일 **동**

動画[どうが] 동영상
動物園[どうぶつえん] 동물원
自動車[じどうしゃ] 자동차
自動的に[じどうてきに] 자동적으로

動く[うごく] ① 움직이다

음독
どう

훈독
うごく

171

漢
한나라 **한**

漢字[かんじ] 한자
漢文[かんぶん] 한문
漢方薬[かんぽうやく] 한약

음독
かん

172

字
글자 **자**

字[じ] 글씨, 글자
文字[もじ] 글자, 문자
文字化け[もじばけ] 글자 깨짐
T字路[ティージろ] T자 삼거리

음독
じ

✏ 단어 속 한자를 써보며 연습하세요!

運動 운동　**運動会** 운동회　**運転** 운전　**運ぶ** ①옮기다

運 運 運

運運運運運運運運運運

動画 동영상　**動物園** 동물원　**自動車** 자동차　**動く** ①움직이다

動 動 動

動動動動動動動動

09 마디 – 두 글자 명사

漢字 한자　**漢文** 한문　**漢方薬** 한약

漢 漢 漢

漢漢漢漢漢漢漢漢漢漢漢漢

字 글씨, 글자　**文字** 글자, 문자　**文字化け** 글자 깨짐　**T字路** T자 삼거리

字 字 字

字字字字字字

둘째마당 : 09마디 | 두 글자 명사

🎧 한자가 쓰인 단어를 먼저 들어보세요!

173

家
집 가

家庭[かてい] 가정
家内[かない] 아내, 집사람
家具[かぐ] 가구
自家製[じかせい] 자가제(자기 집에서 직접 만듦)

음독
か

家[いえ] 집
家賃[やちん] 집세

훈독
いえ
や

174

族
겨레 족

家族[かぞく] 가족
民族[みんぞく] 민족
水族館[すいぞくかん] 수족관

음독
ぞく

175

意
뜻 의

意見[いけん] 의견
意地悪な[いじわるな] 심술궂은
用意[ようい] 준비
注意[ちゅうい] 주의
得意な[とくいな] 잘하는, 자신 있는

음독
い

176

味
맛 미

意味[いみ] 의미, 뜻
興味[きょうみ] 관심, 흥미
趣味[しゅみ] 취미

음독
み

味[あじ] 맛

훈독
あじ

100

🖋 단어 속 한자를 써보며 연습하세요!

家庭 가정　**家内** 아내, 집사람　**家** 집　**家賃** 집세

家　家　家

家家家家家家家家家家

家族 가족　**民族** 민족　**水族館** 수족관

族　族　族

族族族族族族族族族族族

09 마디 — 두 글자 명사

意見 의견　**用意** 준비　**注意** 주의　**得意な** 잘하는, 자신 있는

意　意　意

意意意意意意意意意意

意味 의미, 뜻　**興味** 관심, 흥미　**趣味** 취미　**味** 맛

味　味　味

味味味味味味味

101

둘째마당 : 09마디 | 두 글자 명사

🎧 한자가 쓰인 단어를 먼저 들어보세요!

177

学
배울 **학**

学生[がくせい] 학생
入学[にゅうがく] 입학
科学館[かがくかん] 과학관
大学[だいがく] 대학교

음독
がく

学ぶ[まなぶ] ① 배우다

훈독
まなぶ

178

校
학교 **교**

中学校[ちゅうがっこう] 중학교
高校[こうこう] 고등학교(고교)
予備校[よびこう] 입시학원(예비교)
校長先生[こうちょう せんせい]
교장 선생님

음독
こう

179

元
으뜸 **원**

元気[げんき] 활기참, 기운
元気な[げんきな] 잘 지내는, 건강한
お中元[おちゅうげん] 여름 선물

음독
げん

地元[じもと] 그 고장/지역

훈독
もと

180

気
기운 **기**

気分[きぶん] 기분
電気[でんき] 전기, 불
天気[てんき] 날씨
人気[にんき] 인기
吐き気[はきけ] 구역질

음독
き
け

✎ 단어 속 한자를 써보며 연습하세요!

学生 학생 入**学** 입학 大**学** 대학교 **学**ぶ ① 배우다

学 学 学

学 学 学 学 学 学 学

中学**校** 중학교 高**校** 고등학교(고교) **校**長先生 교장 선생님

校 校 校

校 校 校 校 校 校 校 校 校 校

元気な 잘 지내는, 건강한 お中**元** 여름 선물 地**元** 그 고장/지역

元 元 元

元 元 元 元

気分 기분 天**気** 날씨 人**気** 인기 吐き**気** 구역질

気 気 気

気 気 気 気 気 気

09 마디 — 두 글자 명사

103

둘째마당 : 09마디 | 두 글자 명사

🎧 한자가 쓰인 단어를 먼저 들어보세요!

181

問
물을 **문**

問題[もんだい] 문제
問診票[もんしんひょう] 문진표
質問[しつもん] 질문

음독
もん

問う[とう] ① 묻다, 질문하다

훈독
とう

182

題
제목 **제**

宿題[しゅくだい] 숙제
話題[わだい] 화제
〜放題[ほうだい] 마음껏 〜함
食べ放題[たべほうだい] 무한리필(음식)

음독
だい

183

映
비칠 **영**

映画[えいが] 영화
映画館[えいがかん] 영화관
映像[えいぞう] 영상

음독
えい

映る[うつる] ① (영상이)나오다

훈독
うつる

184

画
그림 **화**
그을 **획**

画家[がか] 화가
漫画[まんが] 만화
動画[どうが] 동영상
計画[けいかく] 계획

음독
が
かく

✏ 단어 속 한자를 써보며 연습하세요!

| 問題 문제 | 問診票 문진표 | 質問 질문 | 問う ①묻다, 질문하다 |

問 問 問

問問問問問問問問問

| 宿題 숙제 | 話題 화제 | ~放題 마음껏 ~함 | 食べ放題 무한리필(음식) |

題 題 題

題題題題題題題題題題題題題題

09 마디 ― 두 글자 명사

| 映画 영화 | 映画館 영화관 | 映像 영상 | 映る ①(영상이) 나오다 |

映 映 映

映映映映映映映映映

| 画家 화가 | 漫画 만화 | 動画 동영상 | 計画 계획 |

画 画 画

画画画画画画画画

둘째마당 : 09마디 | 두 글자 명사

🎧 한자가 쓰인 단어를 먼저 들어보세요!

185 写 베낄 사

写真[しゃしん] 사진
写生[しゃせい] 사생
描写[びょうしゃ] 묘사

음독 しゃ

写る[うつる] ① (사진에)찍히다

훈독 うつる

186 真 참 진

真実[しんじつ] 진실

음독 しん

真面目な[まじめな] 성실한
真っ赤な[まっかな] 새빨간
真ん中[まんなか] 한가운데

훈독 ま

187 建 세울 건

建設[けんせつ] 건설
建築[けんちく] 건축

음독 けん

建つ[たつ] ① 세워지다, 건설되다
建てる[たてる] ② 세우다, 건설하다

훈독 たつ / たてる

188 物 물건 물

動物[どうぶつ] 동물
博物館[はくぶつかん] 박물관
荷物[にもつ] 짐

음독 ぶつ / もつ

飲み物[のみもの] 음료
買い物[かいもの] 쇼핑, 장보기
忘れ物[わすれもの] 두고 온 물건

훈독 もの

✏️ 단어 속 한자를 써보며 연습하세요!

写**真** 사진　写**生** 사생　描**写** 묘사　**写**る ①(사진에)찍히다

写　写　写

写 写 写 写 写

真実 진실　**真**面目な 성실한　**真**っ赤な 새빨간　**真**ん中 한가운데

真　真　真

真 真 真 真 真 真 真 真 真

建設 건설　**建**築 건축　**建**つ ①세워지다, 건설되다　**建**てる ②세우다, 건설하다

建　建　建

建 建 建 建 建 建 建

動**物** 동물　荷**物** 짐　飲み**物** 음료　買い**物** 쇼핑, 장보기

物　物　物

物 物 物 物 物 物

09 마디 一 두 글자 명사

둘째마당 : 09마디 | 두 글자 명사

🎧 한자가 쓰인 단어를 먼저 들어보세요!

189

全
온전할 **전**

- 全品[ぜんぴん] 전 품목
- 全然[ぜんぜん] 전혀
- 安全[あんぜん] 안전
- 一体全体[いったい ぜんたい] 도대체

음독
ぜん

- 全て[すべて] 모두

훈독
すべて

190

部
거느릴 **부**

- 部長[ぶちょう] 부장(님)
- 一部[いちぶ] 일부
- 全部[ぜんぶ] 전부, 모두
- 営業部[えいぎょうぶ] 영업부
- [예외] 部屋[へや] 방

음독
ぶ

191

洋
큰 바다 **양**

- 洋服[ようふく] 옷
- 洋室[ようしつ] 서양식 방(마루방)
- 東洋[とうよう] 동양
- 西洋[せいよう] 서양

음독
よう

192

服
옷 **복**

- 服[ふく] 옷
- 服装[ふくそう] 복장
- 衣服[いふく] 의복
- 制服[せいふく] 교복(제복)
- 和服[わふく] 일본 옷
- 冬服[ふゆふく] 겨울 옷

음독
ふく

🖉 단어 속 한자를 써보며 연습하세요!

全品 전 품목　全然 전혀　安全 안전　全て 모두

全　全　全

全全全全全全

部長 부장(님)　一部 일부　全部 전부, 모두　営業部 영업부

部　部　部

部部部部部部部部部部

洋服 옷　洋室 서양식 방(마루방)　東洋 동양　西洋 서양

洋　洋　洋

洋洋洋洋洋洋洋洋洋

服装 복장　衣服 의복　制服 교복(제복)　和服 일본 옷

服　服　服

服服服服服服服服

09 마디 二 두 글자 명사

둘째마당 : 09마디 | 두 글자 명사

🎧 한자가 쓰인 단어를 먼저 들어보세요!

193 電 번개 전

- 電話[でんわ] 전화
- 電気[でんき] 전기
- 電灯[でんとう] 전등
- 電話番号[でんわ ばんごう] 전화번호
- 懐中電灯[かいちゅう でんとう] 손전등

음독: でん

194 話 말씀 화

- 会話[かいわ] 회화
- 世話[せわ] 돌봄, 보살핌
- 携帯電話[けいたい でんわ] 휴대전화

음독: わ

- 話す[はなす] ① 이야기하다
- 話[はなし] 이야기

훈독: はなす / はなし

195 授 줄 수

- 授業[じゅぎょう] 수업
- 授業料[じゅぎょうりょう] 수업료
- 教授[きょうじゅ] 교수

음독: じゅ

196 業 업 업

- 卒業[そつぎょう] 졸업
- 卒業式[そつぎょうしき] 졸업식
- 産業[さんぎょう] 산업
- 工業[こうぎょう] 공업

음독: ぎょう

✏️ 단어 속 한자를 써보며 연습하세요!

| 電話 전화 | 電気 전기 | 電灯 전등 | 電話番号 전화번호 |

電 電 電

電電電電電電電電電電電電

| 会話 회화 | 世話 돌봄, 보살핌 | 携帯電話 휴대전화 | 話す ①이야기하다 |

話 話 話

話話話話話話話話話話話話

| 授業 수업 | 授業料 수업료 | 教授 교수 |

授 授 授

授授授授授授授授授

| 卒業 졸업 | 卒業式 졸업식 | 産業 산업 | 工業 공업 |

業 業 業

業業業業業業業業業業業

09 마디 — 두 글자 명사

둘째마당 : 09마디 | 두 글자 명사

🎧 한자가 쓰인 단어를 먼저 들어보세요!

197
野 들 야

野球[やきゅう] 야구
野外[やがい] 야외
視野[しや] 시야

음독
や

野[の] 들, 들판
上野[うえの] 우에노(지명)

훈독
の

198
菜 나물 채

野菜[やさい] 야채
白菜[はくさい] 배추

음독
さい

199
特 특별할 특

特に[とくに] 특히, 특별히
特技[とくぎ] 특기
特集[とくしゅう] 특집
特徴[とくちょう] 특징
独特な[どくとくな] 독특한

음독
とく

200
別 다를 별

別[べつ] 다름, 별개
別々[べつべつ] 따로따로
差別[さべつ] 차별
特別な[とくべつな] 특별한

別れる[わかれる]② 헤어지다

음독
べつ

훈독
わかれる

🖉 단어 속 한자를 써보며 연습하세요!

野球 야구　野外 야외　視野 시야　野 들, 들판

野　野　野

野野野野野野野野野野

野菜 야채　白菜 배추

菜　菜　菜

菜菜菜菜菜菜菜菜菜菜菜

特技 특기　特集 특집　特徵 특징　独特な 독특한

特　特　特

特特特特特特特特

別々 따로따로　差別 차별　特別な 특별한　別れる ②헤어지다

別　別　別

別別別別別別別

09 마디 — 두 글자 명사

113

 **둘째마당 : 09마디 | 두 글자 명사**

🎧 한자가 쓰인 단어를 먼저 들어보세요!

201
医
의원 의

- 医学[いがく] 의학
- 医者[いしゃ] 의사
- お医者さん[おいしゃさん] 의사 선생님
- 歯医者[はいしゃ] 치과 의사, 치과 의원

음독 い

202
者
사람 자

- 技術者[ぎじゅつしゃ] 기술자
- 初心者[しょしんしゃ] 초보자
- 歩行者[ほこうしゃ] 보행자
- 保護者[ほごしゃ] 보호자

음독 しゃ

- 者[もの] 사람
- 早い者勝ち[はやいものがち] 선착순

훈독 もの

203
世
세상 세

- 世話[せわ] 돌봄, 보살핌
- 世話になる[せわになる] ① 신세를 지다
- 世話をする[せわをする] ③ 돌보다
- 世代[せだい] 세대

음독 せ

- 世の中[よのなか] 세상, 세간

훈독 よ

204
界
지경 계

- 世界[せかい] 세계
- 限界[げんかい] 한계
- 境界[きょうかい] 경계

음독 かい

✏ 단어 속 한자를 써보며 연습하세요!

| 医学 의학 | 医者 의사 | お医者さん 의사 선생님 | 歯医者 치과 의사, 치과 의원 |

医 医 医

医 医 医 医 医 医 医

| 技術者 기술자 | 初心者 초보자 | 歩行者 보행자 | 者 사람 |

者 者 者

者 者 者 者 者 者 者 者

| 世話 돌봄, 보살핌 | 世話をする ③돌보다 | 世代 세대 | 世の中 세상, 세간 |

世 世 世

世 世 世 世 世

| 世界 세계 | 限界 한계 | 境界 경계 |

界 界 界

界 界 界 界 界 界 界 界

09 마디 — 두 글자 명사

둘째마당 : 09마디 | 두 글자 명사

🎧 한자가 쓰인 단어를 먼저 들어보세요!

205

住
살 주

住所[じゅうしょ] 주소
住宅[じゅうたく] 주택
住民[じゅうみん] 주민

음독
じゅう

住む[すむ] ① 살다(거주하다)

훈독
すむ

206

所
곳 소

場所[ばしょ] 장소
事務所[じむしょ] 사무실
市役所[しやくしょ] 시청

음독
しょ

所[ところ] 곳, 장소

훈독
ところ

207

自
스스로 자

自分[じぶん] 자기, 자신
自分で[じぶんで] 스스로
自由[じゆう] 자유
自動車[じどうしゃ] 자동차
自転車[じてんしゃ] 자전거
自然[しぜん] 자연

음독
じ
し

208

分
나눌 분

十五分[じゅうごふん] 15분
余分[よぶん] 여분
多分[たぶん] 아마
十分[じゅうぶん] 충분히

음독
ふん
ぶん

分ける[わける] ② 나누다

훈독
わける

✏️ 단어 속 한자를 써보며 연습하세요!

住所 주소　**住**宅 주택　**住**民 주민　**住**む ①살다(거주하다)

住 住 住 住 住 住 住

場**所** 장소　事務**所** 사무실　市役**所** 시청　**所** 곳, 장소

所 所 所 所 所 所 所 所

09 마디 — 두 글자 명사

自分 자기, 자신　**自**由 자유　**自**転車 자전거　**自**然 자연

自 自 自 自 自

十五**分** 15분　余**分** 여분　十**分** 충분히　**分**ける ②나누다

分 分 分 分

둘째마당 : 09마디 | 두 글자 명사

🎧 한자가 쓰인 단어를 먼저 들어보세요!

209 旅 나그네 려

旅行[りょこう] 여행 旅館[りょかん] 료칸(일본식 호텔) 旅券[りょけん] 여권	음독 りょ
旅[たび] 여행 ひとり旅[ひとりたび] 혼자 하는 여행	훈독 たび

210 行 갈 행

銀行[ぎんこう] 은행 飛行機[ひこうき] 비행기 急行[きゅうこう] 급행(전철) 行事[ぎょうじ] 행사	음독 こう ぎょう
行く[いく]① 가다 行う[おこなう]① 행하다	훈독 いく おこなう

211 注 부을 주

注文[ちゅうもん] 주문 注意[ちゅうい] 주의 注目[ちゅうもく] 주목 注射[ちゅうしゃ] 주사	음독 ちゅう
注ぐ[そそぐ]① 흘러 들어가다, 쏟다	훈독 そそぐ

212 文 글월 문

文章[ぶんしょう] 문장 文学[ぶんがく] 문학 文法[ぶんぽう] 문법 作文[さくぶん] 작문 文句[もんく] 불평	음독 ぶん もん

✏️ 단어 속 한자를 써보며 연습하세요!

旅行 여행　**旅**館 료칸(일본식 호텔)　**旅**券 여권　**旅** 여행

旅　旅　旅

旅 旅 旅 旅 旅 旅 旅 旅

飛**行**機 비행기　**行**事 행사　**行**く ①가다　**行**う ①행하다

行　行　行

行 行 行 行 行 行

注意 주의　**注**目 주목　**注**射 주사　**注**ぐ ①흘러 들어가다, 쏟다

注　注　注

注 注 注 注 注 注 注 注

文学 문학　**文**法 문법　作**文** 작문　**文**句 불평

文　文　文

文 文 文 文

09 마디 ― 두 글자 명사

119

 **둘째마당 : 09마디 | 두 글자 명사**

🎧 한자가 쓰인 단어를 먼저 들어보세요!

213

有

있을 **유**

有料[ゆうりょう] 유료
有名な[ゆうめいな] 유명한
所有[しょゆう] 소유
有無[うむ] 유무

음독
ゆう
う

214

名

이름 **명**

名刺[めいし] 명함
名所[めいしょ] 명소
氏名[しめい] 성명
名字[みょうじ] 성씨

名前[なまえ] 이름

음독
めい
みょう

훈독
な

215

工

장인 **공**

工場[こうじょう] 공장
工事[こうじ] 공사
工業[こうぎょう] 공업
工夫[くふう] 궁리, 고안
大工[だいく] 목수

음독
こう
く

216

場

마당 **장**

出場[しゅつじょう] 출전, 출연
飛行場[ひこうじょう] 비행장
駐車場[ちゅうしゃじょう] 주차장

乗り場[のりば] 타는 곳
降り場[おりば] 내리는 곳
売り場[うりば] 매장

음독
じょう

훈독
ば

단어 속 한자를 써보며 연습하세요!

| 有料 유료 | 有名な 유명한 | 所有 소유 | 有無 유무 |

有　有　有

有 有 有 有 有 有

| 名刺 명함 | 名所 명소 | 名字 성씨 | 名前 이름 |

名　名　名

名 名 名 名 名 名

| 工場 공장 | 工事 공사 | 工業 공업 | 工夫 궁리, 고안 |

工　工　工

工 工 工

| 飛行場 비행장 | 駐車場 주차장 | 乗り場 타는 곳 | 売り場 매장 |

場　場　場

場 場 場 場 場 場 場 場 場 場

09 마디 ― 두 글자 명사

둘째마당 : 09마디 | 두 글자 명사

🎧 한자가 쓰인 단어를 먼저 들어보세요!

217

研
갈 연

研究[けんきゅう] 연구
研究員[けんきゅういん] 연구원
研修[けんしゅう] 연수

음독
けん

研ぐ[とぐ] ① (칼 등을)갈다

훈독
とぐ

218

究
연구할 구

研究室[けんきゅうしつ] 연구실
研究会[けんきゅうかい] 연구회
究極[きゅうきょく] 궁극

음독
きゅう

219

発
필 발

発音[はつおん] 발음
発明[はつめい] 발명
発言[はつげん] 발언
開発[かいはつ] 개발
爆発[ばくはつ] 폭발

음독
はつ

220

音
소리 음

音楽[おんがく] 음악
音楽家[おんがくか] 음악가
音声[おんせい] 음성
着信音[ちゃくしんおん] 벨소리

음독
おん

音[おと] 소리

훈독
おと

✎ 단어 속 한자를 써보며 연습하세요!

研究 연구　**研**究員 연구원　**研**修 연수　**研**ぐ ①(칼 등을)갈다

研　研　研

研 研 研 研 研 研 研 研

研**究**室 연구실　研**究**会 연구회　**究**極 궁극

究　究　究

究 究 究 究 究 究 究

発音 발음　**発**明 발명　開**発** 개발　爆**発** 폭발

発　発　発

発 発 発 発 発 発 発 発

音楽 음악　**音**声 음성　着信**音** 벨소리　**音** 소리

音　音　音

音 音 音 音 音 音 音 音

둘째마당 : 09마디 | 두 글자 명사

🎧 한자가 쓰인 단어를 먼저 들어보세요!

221

不
아닐 불·부

不在[ふざい] 부재
不正[ふせい] 부정
不便な[ふべんな] 불편한
不要な[ふような] 불필요한
不器用[ぶきよう] 손재주가 없음

음독
ふ
ぶ

222

安
편안할 안

安心[あんしん] 안심
安全[あんぜん] 안전
不安な[ふあんな] 불안한

음독
あん

安い[やすい] (값이)싸다

훈독
やすい

223

方
모 방

方向[ほうこう] 방향
方面[ほうめん] 방면
両方[りょうほう] 양쪽, 쌍방

음독
ほう

方[かた] 분(사람)
見方[みかた] 보는 법, 시각
使い方[つかいかた] 사용법

훈독
かた

224

法
법 법

法律[ほうりつ] 법률
方法[ほうほう] 방법
手法[しゅほう] 수법
用法[ようほう] 용법
[예외] 文法[ぶんぽう] 문법

음독
ほう

✏️ 단어 속 한자를 써보며 연습하세요!

不在 부재　**不便な** 불편한　**不要な** 불필요한　**不器用** 손재주가 없음

不　不　不

不 不 不 不

安心 안심　**安全** 안전　**不安な** 불안한　**安い** (값이)싸다

安　安　安

安 安 安 安 安 安

方向 방향　**両方** 양쪽, 쌍방　**方** 분(사람)　**使い方** 사용법

方　方　方

方 方 方 方

法律 법률　**方法** 방법　**手法** 수법　**用法** 용법

法　法　法

法 法 法 法 法 法 法

09 마디 — 두 글자 명사

둘째마당 : 09마디 | 두 글자 명사

🎧 한자가 쓰인 단어를 먼저 들어보세요!

225

最
가장 최

- 最初[さいしょ] 최초
- 最後[さいご] 최후, 마지막
- 最大[さいだい] 최대
- 最新[さいしん] 최신

음독: さい

- 最も[もっとも] (무엇보다도) 가장
- [예외] 最寄り[もより] 가장 가까움

훈독: もっとも

226

近
가까울 근

- 近所[きんじょ] 근처, 이웃(집)
- 最近[さいきん] 최근, 요즘

음독: きん

- 近い[ちかい] 가깝다
- 近く[ちかく] 근처, 주변

훈독: ちかい

227

番
차례 번

- ~番目[ばんめ] ~번째
- 一番[いちばん] 가장, 제일
- 交番[こうばん] 파출소
- 順番[じゅんばん] 순서
- 番組[ばんぐみ] (방송)프로그램

음독: ばん

228

号
부를 호

- 番号[ばんごう] 번호
- 信号[しんごう] 신호, 신호등
- 暗証番号[あんしょう ばんごう] 비밀번호

음독: ごう

✏️ 단어 속 한자를 써보며 연습하세요!

| 最初 최초 | 最後 최후, 마지막 | 最大 최대 | 最も (무엇보다도) 가장 |

最 最 最

最 最 最 最 最 最 最 最 最 最

| 近所 근처, 이웃(집) | 最近 최근, 요즘 | 近い 가깝다 | 近く 근처, 주변 |

近 近 近

近 近 近 近 近 近 近

09 마디 — 두 글자 명사

| 一番 가장, 제일 | 交番 파출소 | 順番 순서 | 番組 (방송)프로그램 |

番 番 番

番 番 番 番 番 番 番 番 番 番

| 番号 번호 | 信号 신호, 신호등 | 暗証番号 비밀번호 |

号 号 号

号 号 号 号

127

 **둘째마당 : 09마디 | 두 글자 명사**

🎧 한자가 쓰인 단어를 먼저 들어보세요!

229

点
점 점

点[てん] 점, 점수
点数[てんすう] 점수
百点[ひゃくてん] 100점
交差点[こうさてん] 교차로

음독
てん

230

数
셀 수

数学[すうがく] 수학
数字[すうじ] 숫자
手数料[てすうりょう] 수수료
[예외] 人数[にんずう] 인원수

음독
すう

数[かず] 수
数える[かぞえる] ② 수를 세다

훈독
かず
かぞえる

231

速
빠를 속

速度[そくど] 속도
速達[そくたつ] 속달(빠른 우편)
音速[おんそく] 음속
高速道路[こうそく どうろ] 고속도로

음독
そく

速い[はやい] 빠르다
速さ[はやさ] 속도, 빠르기

훈독
はやい

232

度
정도 도

一度[いちど] 한 번
今度[こんど] 이번
二度と[にどと] 두 번 다시
何度も[なんども] 몇 번씩이나
支度[したく] 준비, 채비

음독
ど
たく

✎ 단어 속 한자를 써보며 연습하세요!

点 점, 점수　**点数** 점수　**百点** 100점　**交差点** 교차로

点　点　点

点 点 点 点 点 点 点 点

数学 수학　**数字** 숫자　**数** 수　**数える** ②수를 세다

数　数　数

数 数 数 数 数 数 数 数 数 数

速度 속도　**速達** 속달(빠른 우편)　**高速道路** 고속도로　**速さ** 속도

速　速　速

速 速 速 速 速 速 速 速 速 速

一度 한 번　**今度** 이번　**何度も** 몇 번씩이나　**支度** 준비, 채비

度　度　度

度 度 度 度 度 度 度 度

09 마디 ― 두 글자 명사

둘째마당 | 10마디 | 주요 형용사

🎧 한자가 쓰인 단어를 먼저 들어보세요!

233 暑 더울 서

残暑[ざんしょ] 늦더위

음독: しょ

暑い[あつい] 덥다
暑さ[あつさ] 더위

훈독: あつい

234 寒 찰 한

寒冷[かんれい] 한랭
寒波[かんぱ] 한파

음독: かん

寒い[さむい] 춥다
寒さ[さむさ] 추위
寒気[さむけ] 한기, 오한

훈독: さむい

235 多 많을 다

多分[たぶん] 아마
多少[たしょう] 다소, 약간
多数[たすう] 다수

음독: た

多い[おおい] 많다

훈독: おおい

236 少 적을 소

少々[しょうしょう] 잠시, 조금
多少[たしょう] 다소, 약간

음독: しょう

少ない[すくない] 적다
少し[すこし] 조금, 약간
もう少し[もう すこし] 조금 더

훈독: すくない / すこし

✎ 단어 속 한자를 써보며 연습하세요!

残暑 늦더위 **暑い** 덥다 **暑さ** 더위

暑	暑	暑			

暑暑暑暑暑暑暑暑暑暑暑

寒冷 한랭 **寒い** 춥다 **寒さ** 추위 **寒気** 한기, 오한

寒	寒	寒			

寒寒寒寒寒寒寒寒寒寒寒

多分 아마 **多少** 다소, 약간 **多数** 다수 **多い** 많다

多	多	多			

多多多多多多

少々 잠시, 조금 **多少** 다소 **少ない** 적다 **もう少し** 조금 더

少	少	少			

少少少少

10마디 — 주요 형용사

 **둘째마당 : 10마디 | 주요 형용사**

🎧 한자가 쓰인 단어를 먼저 들어보세요!

237

長
길 장

長期[ちょうき] 장기
身長[しんちょう] 신장, 키
延長[えんちょう] 연장
課長[かちょう] 과장(님)

음독
ちょう

長い[ながい] 길다
長さ[ながさ] 길이

훈독
ながい

238

短
짧을 단

短期[たんき] 단기
短所[たんしょ] 단점
一長一短[いっちょう いったん] 일장일단

음독
たん

短い[みじかい] 짧다

훈독
みじかい

239

重
무거울 중

重要[じゅうよう] 중요
重大[じゅうだい] 중대
貴重品[きちょうひん] 귀중품

음독
じゅう
ちょう

重い[おもい] 무겁다
重たい[おもたい] 무겁다
重さ[おもさ] 무게

훈독
おもい

240

軽
가벼울 경

軽自動車[けいじどうしゃ] 경차(경자동차)
軽率[けいそつ] 경솔

음독
けい

軽い[かるい] 가볍다

훈독
かるい

✏️ 단어 속 한자를 써보며 연습하세요!

長期 장기　**身長** 신장, 키　**課長** 과장(님)　**長**さ 길이

長　長　長

長 長 長 長 長 長 長 長

短期 단기　**短所** 단점　**一長一短** 일장일단　**短**い 짧다

短　短　短

短 短 短 短 短 短 短 短 短 短

重要 중요　**重大** 중대　**貴重品** 귀중품　**重**さ 무게

重　重　重

重 重 重 重 重 重 重 重 重

輕自動車 경차(경자동차)　**輕率** 경솔　**輕**い 가볍다

輕　輕　輕

輕 輕 輕 輕 輕 輕 輕 輕 輕

10마디 – 주요 형용사

 **둘째마당 : 10마디 | 주요 형용사**

🎧 한자가 쓰인 단어를 먼저 들어보세요!

241
高 높을 고

高校[こうこう] 고등학교(고교)
高層[こうそう] 고층
高齢者[こうれいしゃ] 고령자

음독 こう

高い[たかい] 비싸다, 높다
高さ[たかさ] 높이

훈독 たかい

242
低 낮을 저

低下[ていか] 저하
最低[さいてい] 최저
高低[こうてい] 고저

음독 てい

低い[ひくい] 낮다

훈독 ひくい

243
無 없을 무

無料[むりょう] 무료
無理な[むりな] 무리한
無駄な[むだな] 쓸데없는, 헛된
無事に[ぶじに] 무사히

음독 む / ぶ

無い[ない] 없다
無くす[なくす] ① 잃어버리다, 분실하다

훈독 ない

244
古 옛 고

古典[こてん] 고전
古代[こだい] 고대
中古[ちゅうこ] 중고

음독 こ

古い[ふるい] 오래되다, 낡다
古本屋[ふるほんや] 중고 서점

훈독 ふるい

✎ 단어 속 한자를 써보며 연습하세요!

高校 고등학교(고교)　**高層** 고층　**高齢者** 고령자　**高い** 비싸다, 높다

高　高　高

高 高 高 高 高 高 高 高 高

低下 저하　**最低** 최저　**高低** 고저　**低い** 낮다

低　低　低

低 低 低 低 低 低 低

無料 무료　**無理な** 무리한　**無事に** 무사히　**無い** 없다

無　無　無

無 無 無 無 無 無 無 無 無 無 無

古典 고전　**古代** 고대　**中古** 중고　**古い** 오래되다, 낡다

古　古　古

古 古 古 古 古

10마디 ― 주요 형용사

둘째마당 : 10마디 | 주요 형용사

🎧 한자가 쓰인 단어를 먼저 들어보세요!

245

楽
노래 **악**
즐길 **락**

- 音楽[おんがく] 음악
- 気楽な[きらくな] 홀가분한, 마음 편한

음독
がく
らく

- 楽しい[たのしい] 즐겁다
- 楽しむ[たのしむ] ① 즐기다
- 楽しみな[たのしみな] 기대되는

훈독
たのしい
たのしむ

246

弱
약할 **약**

- 弱点[じゃくてん] 약점

음독
じゃく

- 弱い[よわい] 약하다
- 弱虫[よわむし] 겁쟁이

훈독
よわい

247

暗
어두울 **암**

- 暗記[あんき] 암기
- 明暗[めいあん] 명암

음독
あん

- 暗い[くらい] 어둡다

훈독
くらい

248

遠
멀 **원**

- 遠慮[えんりょ] 사양, 삼가
- 遠足[えんそく] 소풍

음독
えん

- 遠い[とおい] 멀다
- 遠く[とおく] 먼 곳, 멀리

훈독
とおい

✎ 단어 속 한자를 써보며 연습하세요!

| 音楽 음악　気楽な 홀가분한, 마음 편한　楽しい 즐겁다　楽しむ ①즐기다 |

| 楽 | 楽 | 楽 | | |

楽楽楽楽楽楽楽楽楽楽

| 弱点 약점　弱い 약하다　弱虫 겁쟁이 |

| 弱 | 弱 | 弱 | | |

弱弱弱弱弱弱弱弱弱弱

| 暗記 암기　明暗 명암　暗い 어둡다 |

| 暗 | 暗 | 暗 | | |

暗暗暗暗暗暗暗暗暗暗

| 遠慮 사양, 삼가　遠足 소풍　遠い 멀다　遠く 먼 곳, 멀리 |

| 遠 | 遠 | 遠 | | |

遠遠遠遠遠遠遠遠遠遠

10 마디 – 주요 형용사

 **둘째마당 : 10마디 | 주요 형용사**

🎧 한자가 쓰인 단어를 먼저 들어보세요!

249
早 이를 조

早退[そうたい] 조퇴

음독 そう

早い[はやい] 이르다, 빠르다
早く[はやく] 일찍
早めに[はやめに] 조금 일찍

훈독 はやい

250
広 넓을 광

広告[こうこく] 광고

음독 こう

広い[ひろい] 넓다
広さ[ひろさ] 넓이
広がる[ひろがる] ① 퍼지다
広げる[ひろげる] ② 넓히다

훈독 ひろい

251
悪 악할 악

最悪[さいあく] 최악

음독 あく

悪い[わるい] 나쁘다, 미안하다
気持ち悪い[きもちわるい] 속이 안 좋다, 징그럽다
意地悪な[いじわるな] 심술궂은

훈독 わるい

252
正 바를 정

正月[しょうがつ] 설, 정월
正直[しょうじき] 정직
正確な[せいかくな] 정확한

음독 しょう
せい

正しい[ただしい] 옳다, 바르다

훈독 ただしい

✎ 단어 속 한자를 써보며 연습하세요!

早退 조퇴 **早**い 이르다, 빠르다 **早**く 일찍 **早**めに 조금 일찍

早 早 早

早 早 早 早 早

広告 광고 **広**い 넓다 **広**がる ①퍼지다 **広**げる ②넓히다

広 広 広

広 広 広 広 広

最**悪** 최악 **悪**い 나쁘다 気持ち**悪**い 징그럽다 意地**悪**な 심술궂은

悪 悪 悪

悪 悪 悪 悪 悪 悪 悪 悪 悪 悪

正月 설, 정월 **正**直 정직 **正**確な 정확한 **正**しい 옳다, 바르다

正 正 正

正 正 正 正 正

10마디 ─ 주요 형용사

139

 **둘째마당 : 10마디 | 주요 형용사**

🎧 한자가 쓰인 단어를 먼저 들어보세요!

253 易
바꿀 역
쉬울 이

貿易[ぼうえき] 무역
安易[あんい] 안이, 손쉬움

음독
えき
い

易しい[やさしい] 쉽다

훈독
やさしい

254 難
어려울 난

困難[こんなん] 곤란
非難[ひなん] 비난

음독
なん

難しい[むずかしい] 어렵다

훈독
むずかしい

255 好
좋을 호

格好[かっこう] 모습, 자세, 옷차림

음독
こう

好きな[すきな] 좋아하는
大好きな[だいすきな] 매우 좋아하는
好む[このむ] ① 좋아하다
お好み焼き[おこのみやき] 오코노미야키

훈독
すき
このむ

256 同
같을 동

同僚[どうりょう] 동료
同伴[どうはん] 동반
同居[どうきょ] 동거
同時に[どうじに] 동시에

음독
どう

同じ[おなじ] 같은, 동일한

훈독
おなじ

단어 속 한자를 써보며 연습하세요!

貿易 무역　安易 안이, 손쉬움　易しい 쉽다

易　易　易

易 易 易 易 易 易 易

困難 곤란　非難 비난　難しい 어렵다

難　難　難

難 難 難 難 難 難 難 難 難 難 難 難

格好 모습, 자세, 옷차림　大好きな 매우 좋아하는　好む ①좋아하다

好　好　好

好 好 好 好 好 好

同僚 동료　同伴 동반　同時に 동시에　同じ 같은, 동일한

同　同　同

同 同 同 同 同

10마디 — 주요 형용사

 둘째마당 | 11마디 | 주요 동사

🎧 한자가 쓰인 단어를 먼저 들어보세요!

257 来 올 래

来年[らいねん] 내년
将来[しょうらい] 장래

음독
らい

来る[くる] ③ 오다
来た[きた] ③ 왔다
来られる[こられる] ② 올 수 있다

훈독
くる
きた
こられる

★ 来의 훈독 중 き, こ는 상용한자 독음이 아니에요.

258 見 볼 견

意見[いけん] 의견
見物[けんぶつ] 구경

음독
けん

見る[みる] ② 보다
見本[みほん] 견본
見える[みえる] ② 보이다
見せる[みせる] ② 보여 주다

훈독
みる
みえる
みせる

259 言 말씀 언

発言[はつげん] 발언

음독
げん

言葉[ことば] 말
言う[いう] ① 말하다
そう言えば[そういえば] 그러고 보니

훈독
こと
いう

260 書 글 서

書類[しょるい] 서류
書式[しょしき] 서식
図書館[としょかん] 도서관
証明書[しょうめいしょ] 증명서

음독
しょ

書く[かく] ① 쓰다

훈독
かく

✏️ 단어 속 한자를 써보며 연습하세요!

来年 내년　**将来** 장래　**来る** ③오다　**来た** ③왔다

来　来　来

来来来来来来来

意見 의견　**見物** 구경　**見る** ②보다　**見本** 견본

見　見　見

見見見見見見見

発言 발언　**言葉** 말　**言う** ①말하다　**そう言えば** 그러고 보니

言　言　言

言言言言言言言

書類 서류　**図書館** 도서관　**証明書** 증명서　**書く** ①쓰다

書　書　書

書書書書書書書書書

11 마디 – 주요 동사

둘째마당 : 11마디 | 주요 동사

🎧 한자가 쓰인 단어를 먼저 들어보세요!

261

날 **출**

提出[ていしゅつ] 제출	음독
外出[がいしゅつ] 외출	しゅつ
輸出[ゆしゅつ] 수출	
出る[でる] ② 나가다, 나오다	훈독
出かける[でかける] ② 외출하다	でる
出す[だす] ① 내다, 제출하다	だす

262

들 **입**

入院[にゅういん] 입원	음독
入学[にゅうがく] 입학	にゅう
入隊[にゅうたい] 입대	
入る[はいる] ① 들어가다, 들어오다	훈독
入れる[いれる] ② 넣다	はいる
押し入れ[おしいれ] 붙박이장	いれる

263

살 **매**

売買[ばいばい] 매매	음독
	ばい
買う[かう] ① 사다	훈독
買い物[かいもの] 장보기, 쇼핑	かう
買い物袋[かいものぶくろ] 장바구니	

264

팔 **매**

発売[はつばい] 발매	음독
販売[はんばい] 판매	ばい
券売機[けんばいき] 매표기	
売る[うる] ① 팔다	훈독
売れる[うれる] ② 팔리다	うる
売り場[うりば] 매장	うれる

✎ 단어 속 한자를 써보며 연습하세요!

提出 제출　外出 외출　出る ②나가다　出す ①제출하다

出　出　出

出 出 出 出 出

入院 입원　入学 입학　入る ①들어가다　入れる ②넣다

入　入　入

入 入

売買 매매　買う ①사다　買い物 장보기, 쇼핑　買い物袋 장바구니

買　買　買

買 買 買 買 買 買 買 買 買 買 買 買

発売 발매　販売 판매　売る ①팔다　売れる ②팔리다

売　売　売

売 売 売 売 売 売 売

11마디 ― 주요 동사

145

둘째마당 : 11마디 | 주요 동사

🎧 한자가 쓰인 단어를 먼저 들어보세요!

265

食
먹을 **식**

食事[しょくじ] 식사
食堂[しょくどう] 식당
朝食[ちょうしょく] 조식, 아침식사
夜食[やしょく] 야식

음독
しょく

食べる[たべる] ② 먹다

훈독
たべる

266

飲
마실 **음**

飲食店[いんしょくてん] 음식점

음독
いん

飲む[のむ] ① 마시다
飲み物[のみもの] 음료
飲み屋[のみや] 술집
飲み会[のみかい] 술 모임

훈독
のむ

267

読
읽을 **독**

読書[どくしょ] 독서

음독
どく

読む[よむ] ① 읽다
読み方[よみかた] 읽는 방법

훈독
よむ

268

休
쉴 **휴**

休講[きゅうこう] 휴강
連休[れんきゅう] 연휴

음독
きゅう

休む[やすむ] ① 쉬다
休み[やすみ] 쉬는 날, 쉼
休み時間[やすみじかん] 쉬는 시간
昼休み[ひるやすみ] 점심시간

훈독
やすむ

✏️ 단어 속 한자를 써보며 연습하세요!

| 食事 식사 | 食堂 식당 | 朝食 조식, 아침 식사 | 食べる ②먹다 |

食 食 食 食 食 食 食 食

| 飲食店 음식점 | 飲む ①마시다 | 飲み物 음료 | 飲み会 술 모임 |

飲 飲 飲 飲 飲 飲 飲 飲 飲 飲 飲

| 読書 독서 | 読む ①읽다 | 読み方 읽는 방법 |

読 読 読 読 読 読 読 読 読 読 読 読 読

| 休講 휴강 | 連休 연휴 | 休む ①쉬다 | 休み時間 쉬는 시간 |

休 休 休 休 休 休

11마디 — 주요 동사

둘째마당 : 11마디 | 주요 동사

🎧 한자가 쓰인 단어를 먼저 들어보세요!

269
立
설 **립**

| 国立[こくりつ] 국립 | 음독 |
| 独立[どくりつ] 독립 | りつ |

立つ[たつ]① 서다, 일어서다	훈독
役に立つ[やくにたつ]① 도움이 되다	たつ
立てる[たてる]② 세우다	たてる

270
作
지을 **작**

作文[さくぶん] 작문	음독
作品[さくひん] 작품	さく
作業[さぎょう] 작업	さ
動作[どうさ] 동작	

| 作る[つくる]① 만들다 | 훈독 |
| 作り方[つくりかた] 만드는 방법 | つくる |

271
思
생각할 **사**

| 不思議な[ふしぎな] 신기한 | 음독 |
| | し |

思う[おもう]① 생각하다	훈독
思い[おもい] 마음, 생각	おもう
思い出[おもいで] 추억	
思い出す[おもいだす]① 생각나다	

272
考
생각할 **고**

| 思考[しこう] 사고 | 음독 |
| 参考[さんこう] 참고 | こう |

考える[かんがえる]② 생각하다	훈독
考え[かんがえ] 생각	かんがえる
考え方[かんがえかた] 사고방식	

✎ 단어 속 한자를 써보며 연습하세요!

国立 국립　**独立** 독립　**立つ** ①서다, 일어서다　**立てる** ②세우다

立　立　立

立立立立立

作文 작문　**作品** 작품　**作業** 작업　**作る** ①만들다

作　作　作

作作作作作作作

不思議な 신기한　**思う** ①생각하다　**思い出** 추억　**思い出す** ①생각나다

思　思　思

思思思思思思思思

思考 사고　**参考** 참고　**考える** ②생각하다　**考え方** 사고방식

考　考　考

考考考考考考

11마디 — 주요 동사

149

둘째마당 : 11마디 | 주요 동사

🎧 한자가 쓰인 단어를 먼저 들어보세요!

273
合 합할 합

合格[ごうかく] 합격
合計[ごうけい] 합계
都合[つごう] 형편

음독
ごう

合う[あう] ① 맞다, 어울리다
間に合う[まにあう] ① 시간에 대다

훈독
あう

274
集 모을 집

集合[しゅうごう] 집합
集中[しゅうちゅう] 집중
特集[とくしゅう] 특집

음독
しゅう

集まる[あつまる] ① 모이다
集める[あつめる] ② 모으다

훈독
あつまる
あつめる

275
取 가질 취

取材[しゅざい] 취재

음독
しゅ

取る[とる] ① 집다, 잡다, 취하다
取り消す[とりけす] ① 취소하다
受け取る[うけとる] ① 받다, 수취하다
聞き取る[ききとる] ① 알아듣다

훈독
とる

276
通 통할 통

通行[つうこう] 통행
交通[こうつう] 교통
普通[ふつう] 보통

음독
つう

通る[とおる] ① 통하다, 지나가다
通り[とおり] 길
通う[かよう] ① 다니다

훈독
とおる
かよう

✏ 단어 속 한자를 써보며 연습하세요!

合格 합격　**都合** 형편　**合**う ①맞다, 어울리다　**間に合**う ①시간에 대다

合合合合合合

集合 집합　**集**中 집중　特**集** 특집　**集**まる ①모이다

集集集集集集集集集集

取材 취재　**取**り消す ①취소하다　聞き**取**る ①알아듣다

取取取取取取取

通行 통행　交**通** 교통　**通**る ①통하다, 지나가다　**通**う ①다니다

通通通通通通通通通

11 마디 — 주요 동사

둘째마당 : 11마디 | 주요 동사

🎧 한자가 쓰인 단어를 먼저 들어보세요!

277

開
열 **개**

| 開店[かいてん] 개점 | 음독 |
| 開発[かいはつ] 개발 | かい |

開く[あく] ① 열리다	훈독
開ける[あける] ② 열다	あく
開く[ひらく] ① 펴다, 열다, 열리다	あける
	ひらく

278

閉
닫을 **폐**

| 開閉[かいへい] 개폐(열고 닫음) | 음독 |
| | へい |

閉まる[しまる] ① 닫히다	훈독
閉める[しめる] ② 닫다	しまる
閉じる[とじる] ② 닫다, 닫히다	しめる
	とじる

279

起
일어날 **기**

| 起点[きてん] 기점 | 음독 |
| | き |

起きる[おきる] ② 일어나다	훈독
起こす[おこす] ① 깨우다, 일으키다	おきる
	おこす

280

寝
잘 **침**

| 寝室[しんしつ] 침실 | 음독 |
| | しん |

寝る[ねる] ② 자다	훈독
寝坊[ねぼう] 늦잠	ねる
昼寝[ひるね] 낮잠	

✎ 단어 속 한자를 써보며 연습하세요!

| 開発 개발 | 開く ①열리다 | 開ける ②열다 | 開く ①펴다, 열다, 열리다 |

開 開 開

開開開開開開開開開開開

| 開閉 개폐(열고 닫음) | 閉まる ①닫히다 | 閉める ②닫다 | 閉じる ②닫다, 닫히다 |

閉 閉 閉

閉閉閉閉閉閉閉閉閉閉閉

| 起点 기점 | 起きる ②일어나다 | 起こす ①깨우다, 일으키다 |

起 起 起

起起起起起起起起起起

| 寝室 침실 | 寝る ②자다 | 寝坊 늦잠 | 昼寝 낮잠 |

寝 寝 寝

寝寝寝寝寝寝寝寝寝寝寝

11 마디 주요 동사

153

둘째마당 : 11마디 | 주요 동사

🎧 한자가 쓰인 단어를 먼저 들어보세요!

281
切
끊을 **절**

| 大切な[たいせつな] 소중한 |
| 親切な[しんせつな] 친절한 |

음독 : **せつ**

| 切る[きる] ① 자르다 |
| 切手[きって] 우표 |
| 切符[きっぷ] 표 |

훈독 : **き**る

282
始
비로소 **시**

| 開始[かいし] 개시, 시작 |
| 始発[しはつ] 첫차 |

음독 : **し**

| 始まる[はじまる] ① 시작되다 |
| 始める[はじめる] ② 시작하다 |
| 始め[はじめ] 처음, 시작 |

훈독 : **はじ**まる / **はじ**める

283
終
마칠 **종**

| 終了[しゅうりょう] 종료 |
| 終点[しゅうてん] 종점 |
| 終電[しゅうでん] 막차 |

음독 : **しゅう**

| 終わる[おわる] ① 끝나다 |
| 終わり[おわり] 끝 |

훈독 : **お**わる

284
洗
씻을 **세**

| 洗濯[せんたく] 세탁, 빨래 |
| 洗濯物[せんたくもの] 세탁물, 빨랫감 |

음독 : **せん**

| 洗う[あらう] ① 씻다 |
| お手洗い[おてあらい] 화장실 |

훈독 : **あら**う

✏️ 단어 속 한자를 써보며 연습하세요!

大切な 소중한　**親切な** 친절한　**切る** ①자르다　**切手** 우표

切　切　切

切切切切

開始 개시, 시작　**始発** 첫차　**始まる** ①시작되다　**始める** ②시작하다

始　始　始

始始始始始始始始

終了 종료　**終点** 종점　**終電** 막차　**終わる** ①끝나다

終　終　終

終終終終終終終終終終

洗濯 세탁, 빨래　**洗濯物** 세탁물, 빨랫감　**洗う** ①씻다　**お手洗い** 화장실

洗　洗　洗

洗洗洗洗洗洗洗洗洗

11 마디 ― 주요 동사

155

둘째마당 : 11마디 | 주요 동사

🎧 한자가 쓰인 단어를 먼저 들어보세요!

285

着
붙을 착

着信音[ちゃくしんおん] 벨소리
到着[とうちゃく] 도착

음독 ちゃく

着く[つく] ① 도착하다
着る[きる] ② 입다
着物[きもの] 기모노(일본 전통의상)

훈독 つく / きる

286

歩
걸음 보

歩道橋[ほどうきょう] 육교
歩行者[ほこうしゃ] 보행자
徒歩[とほ] 도보

음독 ほ

歩く[あるく] ① 걷다
ながら歩き[ながらあるき] 하면서 걷기
(스마트폰 보면서 걷기)

훈독 あるく

287

走
달릴 주

走行[そうこう] 주행
ご馳走する[ごちそうする] ③ 대접하다

음독 そう

走る[はしる] ① 달리다

훈독 はしる

288

急
급할 급

急な[きゅうな] 급한, 가파른
急に[きゅうに] 갑자기
急行[きゅうこう] 급행
特急[とっきゅう] 특급

음독 きゅう

急ぐ[いそぐ] ① 서두르다
取り急ぎ[とりいそぎ] 급히

훈독 いそぐ

🖊 단어 속 한자를 써보며 연습하세요!

着信音 벨소리　**到着** 도착　**着く** ①도착하다　**着る** ②입다

着　着　着

着着着着着着着着着

歩道橋 육교　**歩行者** 보행자　**徒歩** 도보　**歩く** ①걷다

歩　歩　歩

歩歩歩歩歩歩歩歩

走行 주행　**ご馳走する** ③대접하다　**走る** ①달리다

走　走　走

走走走走走走走

急な 급한, 가파른　**急行** 급행　**特急** 특급　**急ぐ** ①서두르다

急　急　急

急急急急急急急

11마디 — 주요 동사

157

둘째마당 : 11마디 | 주요 동사

🎧 한자가 쓰인 단어를 먼저 들어보세요!

289 産 (낳을 산)

産業[さんぎょう] 산업
生産[せいさん] 생산
国産[こくさん] 국산
[예외] お土産[おみやげ] 기념 선물

음독: さん

産む[うむ] ① 낳다, 출산하다
産まれる[うまれる] ② 태어나다

훈독: うむ / うまれる

290 死 (죽을 사)

死[し] 죽음
死亡[しぼう] 사망
必死に[ひっしに] 필사적으로

음독: し

死ぬ[しぬ] ① 죽다

훈독: しぬ

291 教 (가르칠 교)

教会[きょうかい] 교회
教室[きょうしつ] 교실
教育[きょういく] 교육
教師[きょうし] 교사
教科書[きょうかしょ] 교과서

음독: きょう

教える[おしえる] ② 가르치다, 알리다

훈독: おしえる

292 習 (익힐 습)

練習[れんしゅう] 연습
予習[よしゅう] 예습
復習[ふくしゅう] 복습
教習所[きょうしゅうじょ] 자동차운전학원

음독: しゅう

習う[ならう] ① 배우다

훈독: ならう

✎ 단어 속 한자를 써보며 연습하세요!

産業 산업　**生産** 생산　**産**む ①낳다, 출산하다　**産**まれる ②태어나다

産　産　産

産 産 産 産 産 産 産 産 産 産

死 죽음　**死**亡 사망　必**死**に 필사적으로　**死**ぬ ①죽다

死　死　死

死 死 死 死 死 死

教会 교회　**教**室 교실　**教**科書 교과서　**教**える ②가르치다, 알리다

教　教　教

教 教 教 教 教 教 教 教 教 教

練**習** 연습　予**習** 예습　教**習**所 자동차운전학원　**習**う ①배우다

習　習　習

習 習 習 習 習 習 習 習 習

11 마디 — 주요 동사

 **둘째마당 : 11마디 주요 동사**

🎧 한자가 쓰인 단어를 먼저 들어보세요!

293

貸
빌릴 **대**

貸す[かす] ① 빌려주다
貸し[かし] 빌려줌, 대여
貸し出し[かしだし] 대출

훈독
かす

294

借
빌릴 **차**

借用[しゃくよう] 차용, 빌림
拝借する[はいしゃくする]
③ 빌리다(공손함)

음독
しゃく

借りる[かりる] ② 빌리다

훈독
かりる

295

返
돌이킬 **반**

返事[へんじ] 대답, 답장
返品[へんぴん] 반품

음독
へん

返す[かえす] ① 돌려주다, 반납하다
お返し[おかえし] 거스름돈, 답례

훈독
かえす

296

帰
돌아갈 **귀**

帰国[きこく] 귀국

음독
き

帰る[かえる] ① 돌아가다, 돌아오다
帰り道[かえりみち] 돌아오는 길

훈독
かえる

단어 속 한자를 써보며 연습하세요!

貸す ①빌려주다　**貸し** 빌려줌, 대여　**貸し出し** 대출

貸　貸　貸

貸貸貸貸貸貸貸貸貸貸

借用 차용, 빌림　**拝借する** ③빌리다(공손함)　**借りる** ②빌리다

借　借　借

借借借借借借借借

返事 대답, 답장　**返品** 반품　**返す** ①돌려주다, 반납하다　**お返し** 거스름돈, 답례

返　返　返

返返返返返返返

帰国 귀국　**帰る** ①돌아가다, 돌아오다　**帰り道** 돌아오는 길

帰　帰　帰

帰帰帰帰帰帰帰帰帰

11 마디 — 주요 동사

161

둘째마당 : 11마디 | 주요 동사

🎧 한자가 쓰인 단어를 먼저 들어보세요!

297

送 보낼 송

- 送信[そうしん] 송신
- 送料[そうりょう] 배송비
- 放送[ほうそう] 방송
- 転送[てんそう] 전송

음독: そう

- 送る[おくる] ① 보내다, 부치다

훈독: おくる

298

乗 탈 승

- 乗車[じょうしゃ] 승차
- 乗客[じょうきゃく] 승객

음독: じょう

- 乗る[のる] ① 타다
- 乗り物[のりもの] 탈것
- 乗り場[のりば] 타는 곳
- 乗り換える[のりかえる] ② 갈아타다

훈독: のる

299

使 부릴 사

- 使用[しよう] 사용
- 大使館[たいしかん] 대사관

음독: し

- 使う[つかう] ① 사용하다
- 使い方[つかいかた] 사용법

훈독: つかう

300

答 대답 답

- 答案[とうあん] 답안(지)
- 応答[おうとう] 응답

음독: とう

- 答える[こたえる] ② 대답하다
- 答え[こたえ] 답, 대답, 정답

훈독: こたえる

단어 속 한자를 써보며 연습하세요!

送信 송신　**送料** 배송비　**放送** 방송　**送る** ① 보내다, 부치다

送　送　送

送 送 送 送 送 送 送

乗車 승차　**乗客** 승객　**乗り物** 탈것　**乗り場** 타는 곳

乗　乗　乗

乗 乗 乗 乗 乗 乗 乗 乗

使用 사용　**大使館** 대사관　**使う** ① 사용하다　**使い方** 사용법

使　使　使

使 使 使 使 使 使

答案 답안(지)　**応答** 응답　**答える** ② 대답하다　**答え** 답, 대답, 정답

答　答　答

答 答 答 答 答 答 答 答 答 答

11마디 ― 주요 동사

둘째마당 : 11마디 | 주요 동사

🎧 한자가 쓰인 단어를 먼저 들어보세요!

301

止
그칠 **지**

禁止[きんし] 금지
中止[ちゅうし] 취소, 중지

음독
し

止まる[とまる] ① 멈추다, 서다
止める[とめる] ② 멈추게 하다, 세우다

훈독
とまる
とめる

302

知
알 **지**

知識[ちしき] 지식
通知[つうち] 통지, 알림
[예외] ご存知だ[ごぞんじだ] 아시다

음독
ち

知る[しる] ① 알다
知り合い[しりあい] 아는 사람/사이
知らせる[しらせる] ② 알리다

훈독
しる

303

進
나아갈 **진**

進学[しんがく] 진학
進路[しんろ] 진로

음독
しん

進む[すすむ] ① 나아가다, 진행되다
進める[すすめる] ② 진행하다

훈독
すすむ
すすめる

304

働
일할 **동**

労働[ろうどう] 노동

음독
どう

働く[はたらく] ① 일하다
働き[はたらき] 근무, 작용, 효과
働き者[はたらきもの] 부지런한 사람

훈독
はたらく

✎ 단어 속 한자를 써보며 연습하세요!

| 禁止 금지 | 中止 취소, 중지 | 止まる ①멈추다, 서다 | 止める ②멈추게 하다, 세우다 |

止 止 止 止

| 知識 지식 | 通知 통지, 알림 | 知る ①알다 | 知らせる ②알리다 |

知 知 知 知 知 知 知 知 知 知

| 進学 진학 | 進路 진로 | 進む ①나아가다, 진행되다 | 進める ②진행하다 |

進 進 進 進 進 進 進 進 進 進 進

| 労働 노동 | 働く ①일하다 | 働き 근무, 작용, 효과 | 働き者 부지런한 사람 |

働 働 働 働 働 働 働 働 働 働 働

11마디 — 주요 동사

둘째마당 : 11마디 | 주요 동사

🎧 한자가 쓰인 단어를 먼저 들어보세요!

305

引
끌 인

引退[いんたい] 은퇴
索引[さくいん] 색인

음독
いん

引く[ひく] ① 끌다, 당기다, 긋다
引き出し[ひきだし] 서랍, 인출
引っ越し[ひっこし] 이사

훈독
ひく

306

太
클 태

太陽[たいよう] 태양
太鼓判[たいこばん] 큰 도장, 확실한 보증

음독
たい

太る[ふとる] ① 살찌다
太い[ふとい] 굵다
太枠[ふとわく] 굵은 테두리

훈독
ふとる
ふとい

307

待
기다릴 대

招待[しょうたい] 초대
招待状[しょうたいじょう] 초대장

음독
たい

待つ[まつ] ① 기다리다
待ち合わせ[まちあわせ] 만남 약속
(미리 시간과 장소를 정해서 만나기로 함)

훈독
まつ

308

持
가질 지

維持[いじ] 유지

음독
じ

持つ[もつ] ① 가지다, 들다
持っていく[もっていく] ① 가져가다
持ってくる[もってくる] ③ 가져오다
気持ち[きもち] 마음
金持ち[かねもち] 부자

훈독
もつ

| 引退 은퇴 | 索引 색인 | 引き出し 서랍, 인출 | 引っ越し 이사 |

引 引 引

引 引 引 引

| 太陽 태양 | 太鼓判 큰 도장, 확실한 보증 | 太る ①살찌다 | 太い 굵다 |

太 太 太

太 太 大 太

| 招待 초대 | 招待状 초대장 | 待つ ①기다리다 | 待ち合わせ 만남 약속 |

待 待 待

待 待 待 待 待 待 待 待

| 維持 유지 | 持つ ①가지다, 들다 | 気持ち 마음 | 金持ち 부자 |

持 持 持

持 持 持 持 持 持 持 持

11 마디 ― 주요 동사

167

둘째마당 : 11마디 | 주요 동사

🎧 한자가 쓰인 단어를 먼저 들어보세요!

309

転
구를 전

転送[てんそう] 전송
自転車[じてんしゃ] 자전거
運転[うんてん] 운전
運転手[うんてんしゅ] 운전기사

음독
てん

転ぶ[ころぶ] ① 넘어지다

훈독
ころぶ

310

回
돌 회

回線[かいせん] 회선
今回[こんかい] 이번
何回[なんかい] 몇 번
迂回路[うかいろ] 우회로

음독
かい

回る[まわる] ① 돌다
回す[まわす] ① 돌리다

훈독
まわる
まわす

311

受
받을 수

受信[じゅしん] 수신
受験[じゅけん] 수험
受賞[じゅしょう] 수상

음독
じゅ

受ける[うける] ② 받다, (시험을)보다
受け取る[うけとる] ① 받다, 수취하다

훈독
うける

312

呼
부를 호

呼吸[こきゅう] 호흡
深呼吸[しんこきゅう] 심호흡

음독
こ

呼ぶ[よぶ] ① 부르다

훈독
よぶ

🖉 단어 속 한자를 써보며 연습하세요!

転送 전송 自**転**車 자전거 運**転** 운전 **転**ぶ ①넘어지다

| 転 | 転 | 転 | | | |

転転転転転転転転転

回線 회선 今**回** 이번 何**回** 몇 번 **回**る ①돌다

| 回 | 回 | 回 | | | |

回回回回回回

11 마디 ― 주요 동사

受信 수신 **受**験 수험 **受**賞 수상 **受**ける ②받다, (시험을)보다

| 受 | 受 | 受 | | | |

受受受受受受受受

呼吸 호흡 深**呼**吸 심호흡 **呼**ぶ ①부르다

| 呼 | 呼 | 呼 | | | |

呼呼呼呼呼呼呼呼

둘째마당 : 11마디 | 주요 동사

🎧 한자가 쓰인 단어를 먼저 들어보세요!

313
信
믿을 신

信号 [しんごう] 신호, 신호등
信者 [しんじゃ] 신자
送信 [そうしん] 송신
通信 [つうしん] 통신
自信 [じしん] 자신, 자신감
信じる [しんじる] ② 믿다

음독: しん

314
変
변할 변

変な [へんな] 이상한
変更 [へんこう] 변경
大変 [たいへん] 대단히, 몹시
大変な [たいへんな] 힘든, 큰일인

음독: へん

変わる [かわる] ① 바뀌다, 변하다
変える [かえる] ② 바꾸다

훈독: かわる / かえる

315
化
될 화

化学 [かがく] 화학
文化 [ぶんか] 문화
変化 [へんか] 변화
化粧 [けしょう] 화장

음독: か / け

化ける [ばける] ② 둔갑하다, 변신하다
文字化け [もじばけ] 글자가 깨짐

훈독: ばける

✏ 단어 속 한자를 써보며 연습하세요!

| 送信 송신 | 通信 통신 | 自信 자신, 자신감 | 信じる ②믿다 |

信 信 信

信信信信信信信

| 変な 이상한 | 変更 변경 | 大変 대단히, 몹시 | 変わる ①바뀌다, 변하다 |

変 変 変

変変変変変変変変変

11 마디 ― 주요 동사

| 化学 화학 | 文化 문화 | 化粧 화장 | 化ける ②둔갑하다, 변신하다 |

化 化 化

化化化化

한자 찾아보기

우리말 독음

ㄱ

가(家) 100
가(歌) 74
간(間) 30
강(強) 88
개(開) 152
거(去) 20
거(車) 70
건(建) 106
견(犬) 66
견(見) 142
경(軽) 132
계(界) 114
계(計) 78
고(古) 134
고(考) 148
고(高) 134
공(公) 94
공(工) 120
공(空) 42
관(館) 38
광(光) 48
광(広) 138
교(校) 102
교(教) 158
구(九) 12
구(口) 50
구(究) 122
구(区) 36
국(国) 34
귀(帰) 160
근(近) 126
금(今) 20
금(金) 18
급(急) 156
기(起) 152
기(気) 102

ㄴ

난(難) 140
남(南) 26
남(男) 56
내(内) 32
녀(女) 56
년(年) 18

ㄷ

다(多) 130
다(茶) 74
다(茶) 74
단(短) 132
답(答) 162
당(堂) 38
대(代) 82
대(大) 34
대(待) 166
대(貸) 160
대(台) 76
도(度) 128
도(道) 36
도(図) 74
독(読) 146
동(冬) 44
동(動) 98
동(同) 140
동(東) 26
동(働) 164
두(頭) 52

ㄹ

락(楽) 136
래(来) 142
려(旅) 118
력(力) 54
료(料) 92
리(利) 94
리(理) 92
림(林) 68
립(立) 148

ㅁ

만(万) 14
말(末) 78
매(妹) 60
매(買) 144
매(売) 144

매(每) 20
면(勉) 88
명(名) 120
명(明) 88
모(母) 58
목(木) 16
목(目) 50
무(無) 134
문(問) 104
문(文) 118
문(聞) 86
문(門) 70
물(物) 106
미(味) 100
미(米) 72
민(民) 62

ㅂ

반(半) 22
반(返) 160
반(飯) 72
발(発) 122
방(方) 124
백(白) 66
백(百) 12
번(番) 126
법(法) 124
변(変) 170
별(別) 112
병(病) 96

보(歩) 156
복(服) 108
본(本) 90
부(不) 124
부(父) 58
부(部) 108
북(北) 26
분(分) 116
불(不) 124

ㅅ

사(事) 86
사(仕) 86
사(使) 162
사(四) 8
사(思) 148
사(死) 158
사(社) 84
사(私) 56
사(写) 106
산(山) 40
산(産) 158
삼(三) 8
상(上) 28
색(色) 64
생(生) 84
서(暑) 130
서(書) 142
서(西) 26
석(夕) 22

선(先) 30
설(雪) 46
설(説) 88
성(声) 54
세(世) 114
세(洗) 154
소(小) 34
소(少) 130
소(所) 116
속(速) 128
송(送) 162
수(受) 168
수(手) 50
수(授) 110
수(水) 16
수(首) 52
수(数) 128
습(習) 158
승(乗) 162
시(始) 154
시(市) 34
시(時) 82
시(試) 96
식(食) 146
신(信) 170
신(新) 86
신(身) 54
실(室) 38
심(心) 56
십(十) 12

173

ㅇ

악(悪) 138
악(楽) 136
안(安) 124
안(顔) 52
암(暗) 136
야(夜) 24
야(野) 112
약(弱) 136
약(薬) 72
양(洋) 108
어(語) 92
어(魚) 66
억(億) 14
언(言) 142
업(業) 110
엔(円) 70
역(易) 140
역(駅) 36
연(研) 122
영(映) 104
영(英) 92
오(五) 10
오(午) 24
옥(屋) 90
왕(王) 62
외(外) 32
요(曜) 82
용(用) 76
우(友) 62

우(右) 28
우(牛) 68
우(雨) 46
운(運) 98
운(雲) 46
원(円) 70
원(元) 102
원(員) 90
원(園) 94
원(遠) 136
원(院) 96
월(月) 16
유(有) 120
육(六) 10
육(肉) 72
은(銀) 38
음(音) 122
음(飲) 146
의(意) 100
의(医) 114
이(易) 140
이(二) 8
이(以) 32
이(耳) 50
인(人) 84
인(引) 166
일(一) 8
일(日) 82
입(入) 144

ㅈ

자(姉) 60
자(子) 58
자(字) 98
자(者) 114
자(自) 116
작(作) 148
장(場) 120
장(長) 132
저(低) 134
적(赤) 64
전(全) 108
전(前) 30
전(田) 42
전(電) 110
전(転) 168
절(切) 154
점(店) 90
점(点) 128
정(正) 138
제(弟) 60
제(題) 104
조(早) 138
조(朝) 22
조(鳥) 68
족(族) 100
족(足) 52
종(終) 154
좌(左) 28
주(主) 62

주(住) 116
주(注) 118
주(走) 156
주(週) 18
주(酒) 74
주(昼) 22
중(中) 32
중(重) 132
지(地) 42
지(持) 166
지(止) 164
지(池) 40
지(知) 164
지(紙) 70
진(進) 164
진(真) 106
질(質) 76
집(集) 150

ㅊ

차(借) 160
차(車) 70
착(着) 156
채(菜) 112
천(千) 12
천(天) 42
천(川) 40
청(晴) 48
청(青) 64
체(体) 54

촌(村) 36
최(最) 126
추(秋) 44
춘(春) 44
출(出) 144
취(取) 150
친(親) 58
칠(七) 10
침(寝) 152

ㅌ

태(太) 166
토(土) 18
통(通) 150
특(特) 112

ㅍ

팔(八) 10
편(便) 94
폐(閉) 152
품(品) 76
풍(風) 46

ㅎ

하(下) 28
하(何) 20
하(夏) 44
학(学) 102

한(寒) 130
한(漢) 98
합(合) 150
해(海) 40
행(行) 118
험(験) 96
형(兄) 60
호(呼) 168
호(好) 140
호(号) 126
화(化) 170
화(火) 16
화(花) 68
화(話) 110
화(画) 104
황(黄) 64
회(回) 168
회(会) 84
획(画) 104
후(後) 30
휴(休) 146
흑(黒) 66

175

일본어 음독/훈독

あ

あいだ(間) 30
あう(会) 84
あう(合) 150
あお(青) 64
あか(赤) 64
あがる(上) 28
あかるい(明) 88
あき(秋) 44
あく(空) 42
あく(悪) 138
あく(開) 152
あける(明) 88
あける(開) 152
あげる(上) 28
あさ(朝) 22
あし(足) 52
あじ(味) 100
あたま(頭) 52
あたらしい(新) 86
あつい(暑) 130
あつまる(集) 150
あつめる(集) 150
あと(後) 30
あに(兄) 60
あね(姉) 60
あめ(雨) 46
あらう(洗) 154

あるく(歩) 156
あん(安) 124
あん(暗) 136

い

い(以) 32
い(意) 100
い(医) 114
い(易) 140
いう(言) 142
いえ(家) 100
いきる(生) 84
いく(行) 118
いけ(池) 40
いそぐ(急) 156
いち(一) 8
いち(市) 34
いつ(五) 10
いぬ(犬) 66
いま(今) 20
いもうと(妹) 60
いれる(入) 144
いろ(色) 64
いん(員) 90
いん(院) 96
いん(飲) 146
いん(引) 166

う

う(右) 28
う(雨) 46
う(有) 120
うえ(上) 28
うける(受) 168
うごく(動) 98
うし(牛) 68
うしろ(後) 30
うた(歌) 74
うたう(歌) 74
うち(内) 32
うつる(映) 104
うつる(写) 106
うまれる(生) 84
うまれる(産) 158
うみ(海) 40
うむ(産) 158
うる(売) 144
うれる(売) 144
うわ(上) 28
うん(雲) 46
うん(運) 98

え

えい(英) 92
えい(映) 104
えき(駅) 36
えき(易) 140

えん(円) 70
えん(園) 94
えん(遠) 136

お

おう(王) 62
おう(黄) 64
おおい(多) 130
おおきい(大) 34
おきる(起) 152
おく(億) 14
おく(屋) 90
おくる(送) 162
おこす(起) 152
おこなう(行) 118
おしえる(教) 158
おと(音) 122
おとうと(弟) 60
おとこ(男) 56
おなじ(同) 140
おもい(重) 132
おもう(思) 148
おや(親) 58
おりる(下) 28
おわる(終) 154
おん(音) 122
おんな(女) 56

か

か(火) 16
か(下) 28
か(夏) 44
か(花) 68
か(歌) 74
か(家) 100
か(化) 170
が(画) 104
かい(海) 40
かい(会) 84
かい(界) 114
かい(開) 152
かい(回) 168
がい(外) 32
かう(買) 144
かえす(返) 160
かえる(帰) 160
かえる(変) 170
かお(顔) 52
かく(画) 104
かく(書) 142
がく(学) 102
がく(楽) 136
かす(貸) 160
かず(数) 128
かぜ(風) 46
かぞえる(数) 128
かた(方) 124
がつ(月) 16

かね(金) 18
かみ(紙) 70
かよう(通) 150
からだ(体) 54
かりる(借) 160
かるい(軽) 132
かわ(川) 40
かわる(代) 82
かわる(変) 170
かん(間) 30
かん(館) 38
かん(漢) 98
かん(寒) 130
がん(顔) 52
かんがえる(考) 148

き

き(木) 16
き(黄) 64
き(気) 102
き(起) 152
き(帰) 160
きく(聞) 86
きこえる(聞) 86
きた(北) 26
きた(来) 142
きゅう(九) 12
きゅう(究) 122
きゅう(休) 146
きゅう(急) 156

ぎゅう(牛) 68
きょ(去) 20
ぎょ(魚) 66
きょう(兄) 60
きょう(強) 88
きょう(教) 158
ぎょう(業) 110
ぎょう(行) 118
きる(切) 154
きる(着) 156
きん(金) 18
きん(近) 126
ぎん(銀) 38

く

く(九) 12
く(区) 36
く(口) 50
く(工) 120
くう(空) 42
くすり(薬) 72
くださる(下) 28
くち(口) 50
くに(国) 34
くび(首) 52
くも(雲) 46
くらい(暗) 136
くる(来) 142
くるま(車) 70
くろ(黒) 66

け

け(気) 102
け(化) 170
げ(下) 28
げ(外) 32
げ(夏) 44
けい(計) 78
けい(軽) 132
げつ(月) 16
けん(犬) 66
けん(験) 96
けん(建) 106
けん(研) 122
けん(見) 142
げん(元) 102
げん(言) 142

こ

こ(去) 20
こ(小) 34
こ(子) 58
こ(古) 134
こ(呼) 168
ご(五) 10
ご(午) 24
ご(後) 30
ご(語) 92
こう(後) 30
こう(光) 48
こう(口) 50
こう(公) 94
こう(校) 102
こう(行) 118
こう(工) 120
こう(高) 134
こう(広) 138
こう(好) 140
こう(考) 148
ごう(号) 126
ごう(合) 150
こえ(声) 54
こく(国) 34
こく(黒) 66
ここの(九) 12
こころ(心) 56
こたえる(答) 162
こと(事) 86
こと(言) 142
このむ(好) 140
こめ(米) 72
こられる(来) 142
ころぶ(転) 168
こん(今) 20

さ

さ(左) 28
さ(茶) 74
さ(作) 148
さい(西) 26

さい(菜) 112
さい(最) 126
さか(酒) 74
さかな(魚) 66
さがる(下) 28
さき(先) 30
さく(作) 148
さけ(酒) 74
さげる(下) 28
さむい(寒) 130
さる(去) 20
さん(三) 8
さん(山) 40
さん(産) 158

し

し(四) 8
し(市) 34
し(私) 56
し(子) 58
し(姉) 60
し(紙) 70
し(仕) 86
し(試) 96
し(自) 116
し(思) 148
し(始) 154
し(死) 158
し(使) 162
し(止) 164

じ(地) 42
じ(耳) 50
じ(時) 82
じ(事) 86
じ(字) 98
じ(自) 116
じ(持) 166
しき(色) 64
した(下) 28
したしい(親) 58
しち(七) 10
しち(質) 76
しつ(室) 38
しつ(質) 76
じつ(日) 82
しな(品) 76
しぬ(死) 158
しまる(閉) 152
しめる(閉) 152
しゃ(車) 70
しゃ(社) 84
しゃ(写) 106
しゃ(者) 114
しゃく(借) 160
じゃく(弱) 136
しゅ(手) 50
しゅ(首) 52
しゅ(主) 62
しゅ(酒) 74
しゅ(取) 150
じゅ(授) 110

じゅ(受) 168
しゅう(週) 18
しゅう(秋) 44
しゅう(集) 150
しゅう(終) 154
しゅう(習) 158
じゅう(十) 12
じゅう(中) 32
じゅう(住) 116
じゅう(重) 132
しゅつ(出) 144
しゅん(春) 44
しょ(所) 116
しょ(暑) 130
しょ(書) 142
じょ(女) 56
しょう(小) 34
しょう(少) 130
しょう(正) 138
じょう(上) 28
じょう(場) 120
じょう(乗) 162
しょく(色) 64
しょく(食) 146
しる(知) 164
しろ(白) 66
しん(身) 54
しん(心) 56
しん(親) 58
しん(新) 86
しん(真) 106

179

しん(寝) 152
しん(進) 164
しん(信) 170
じん(人) 84

す

す(子) 58
ず(頭) 52
ず(図) 74
すい(水) 16
すう(数) 128
すき(好) 140
すく(空) 42
すくない(少) 130
すこし(少) 130
すすむ(進) 164
すすめる(進) 164
すべて(全) 108
すむ(住) 116

せ

せ(世) 114
せい(西) 26
せい(晴) 48
せい(声) 54
せい(青) 64
せい(生) 84
せい(正) 138
せき(赤) 64

せつ(雪) 46
せつ(説) 88
せつ(切) 154
せん(千) 12
せん(先) 30
せん(川) 40
せん(洗) 154
ぜん(前) 30
ぜん(全) 108

そ

そう(早) 138
そう(走) 156
そう(送) 162
そく(足) 52
そく(速) 128
ぞく(族) 100
そそぐ(注) 118
そと(外) 32
そら(空) 42
そん(村) 36

た

た(田) 42
た(多) 130
たい(大) 34
たい(体) 54
たい(台) 76
たい(太) 166

たい(待) 166
だい(大) 34
だい(弟) 60
だい(台) 76
だい(代) 82
だい(題) 104
たかい(高) 134
たく(度) 128
たす(足) 52
だす(出) 144
ただしい(正) 138
たつ(建) 106
たつ(立) 148
たてる(建) 106
たてる(立) 148
たのしい(楽) 136
たのしむ(楽) 136
たび(旅) 118
たべる(食) 146
ためす(試) 96
たりる(足) 52
たん(短) 132
だん(男) 56

ち

ち(千) 12
ち(池) 40
ち(地) 42
ち(知) 164
ちいさい(小) 34

ちかい(近) 126
ちから(力) 54
ちち(父) 58
ちゃ(茶) 74
ちゃく(着) 156
ちゅう(昼) 22
ちゅう(中) 32
ちゅう(注) 118
ちょう(朝) 22
ちょう(鳥) 68
ちょう(長) 132
ちょう(重) 132

つ

つう(通) 150
つかう(使) 162
つき(月) 16
つく(着) 156
つくる(作) 148
つち(土) 18
つよい(強) 88

て

て(手) 50
てい(低) 134
でる(出) 144
てん(天) 42
てん(店) 90
てん(点) 128
てん(転) 168
でん(田) 42
でん(電) 110

と

と(土) 18
と(図) 74
ど(土) 18
ど(度) 128
とう(東) 26
とう(冬) 44
とう(頭) 52
とう(問) 104
とう(答) 162
どう(道) 36
どう(堂) 38
どう(動) 98
どう(同) 140
どう(働) 164
とお(十) 12
とおい(遠) 136
とおる(通) 150
とき(時) 82
とく(説) 88
とく(特) 112
とぐ(研) 122
どく(読) 146
ところ(所) 116
とし(年) 18
とじる(閉) 152

とまる(止) 164
とめる(止) 164
とも(友) 62
とり(鳥) 68
とる(取) 150

な

な(名) 120
ない(内) 32
ない(無) 134
なか(中) 32
ながい(長) 132
なつ(夏) 44
なな(七) 10
なに(何) 20
なの(七) 10
ならう(習) 158
なん(何) 20
なん(南) 26
なん(男) 56
なん(難) 140

に

に(二) 8
にく(肉) 72
にし(西) 26
にち(日) 82
にゅう(入) 144
にょ(女) 56

にん(人) 84

ね

ねる(寝) 152
ねん(年) 18

の

の(野) 112
のぼる(上) 28
のむ(飲) 146
のる(乗) 162

は

ば(場) 120
ばい(買) 144
ばい(売) 144
はいる(入) 144
はく(白) 66
ばける(化) 170
はこぶ(運) 98
はじまる(始) 154
はじめる(始) 154
はしる(走) 156
はずす(外) 32
はたらく(働) 164
はち(八) 10
はつ(発) 122
はな(花) 68

はなし(話) 110
はなす(話) 110
はは(母) 58
はやい(速) 128
はやい(早) 138
はやし(林) 68
はる(春) 44
はれる(晴) 48
はん(半) 22
はん(飯) 72
ばん(万) 14
ばん(番) 126

ひ

ひ(火) 16
ひ(日) 82
ひがし(東) 26
ひかり(光) 48
ひかる(光) 48
ひく(引) 166
ひくい(低) 134
ひだり(左) 28
ひと(一) 8
ひと(人) 84
ひゃく(百) 12
びょう(病) 96
ひらく(開) 152
ひる(昼) 22
ひろい(広) 138
ひん(品) 76

びん(便) 94

ふ

ふ(風) 46
ふ(父) 58
ふ(不) 124
ぶ(部) 108
ぶ(不) 124
ぶ(無) 134
ふう(風) 46
ふく(服) 108
ふた(二) 8
ぶつ(物) 106
ふとい(太) 166
ふとる(太) 166
ふゆ(冬) 44
ふるい(古) 134
ふん(分) 116
ぶん(聞) 86
ぶん(分) 116
ぶん(文) 118

へ

へい(閉) 152
べい(米) 72
べつ(別) 112
へん(返) 160
へん(変) 170
べん(勉) 88

べん(便) 94

ほ

ほ(歩) 156
ぼ(母) 58
ほう(方) 124
ほう(法) 124
ぼく(木) 16
ほく(北) 26
ほん(本) 90

ま

ま(間) 30
ま(真) 106
まい(毎) 20
まい(妹) 60
まえ(前) 30
まつ(末) 78
まつ(待) 166
まなぶ(学) 102
まるい(円) 70
まわす(回) 168
まわる(回) 168
まん(万) 14

み

み(三) 8
み(身) 54
み(味) 100
みえる(見) 142
みぎ(右) 28
みじかい(短) 132
みず(水) 16
みせ(店) 90
みせる(見) 142
みち(道) 36
みっ(三) 8
みなみ(南) 26
みみ(耳) 50
みょう(名) 120
みる(見) 142
みん(民) 62

む

む(無) 134
むい(六) 10
むずかしい(難) 140
むっ(六) 10
むら(村) 36

め

め(目) 50
めい(明) 88
めい(名) 120
めし(飯) 72

も

もく(木) 16
もく(目) 50
もつ(物) 106
もつ(持) 166
もっとも(最) 126
もと(元) 102
もの(物) 106
もの(者) 114
もん(門) 70
もん(問) 104
もん(文) 118

や

や(夜) 24
や(屋) 90
や(家) 100
や(野) 112
やく(薬) 72
やさしい(易) 140
やすい(安) 124
やすむ(休) 146
やっ(八) 10
やま(山) 40

ゆ

ゆう(夕) 22
ゆう(右) 28

183

ゆう(友) 62
ゆう(有) 120
ゆき(雪) 46

よ

よ(四) 8
よ(夜) 24
よ(世) 114
よう(八) 10
よう(用) 76
よう(曜) 82
よう(洋) 108
よっ(四) 8
よぶ(呼) 168
よむ(読) 146
よる(夜) 24
よわい(弱) 136
よん(四) 8

ら

らい(来) 142
らく(楽) 136

り

り(理) 92
り(利) 94
りき(力) 54
りつ(立) 148

りょ(旅) 118
りょう(料) 92
りょく(力) 54
りん(林) 68

ろ

ろく(六) 10

わ

わ(話) 110
わかれる(別) 112
わける(分) 116
わたくし(私) 56
わたし(私) 56
わるい(悪) 138

일본어 무작정 따라하기 완전판

특별 부록
- 음성 강의
- 예문 mp3 파일
- 훈련용 소책자 PDF
- 학습 스케줄 PDF

후지이 아사리 지음 | 660쪽 | 26,000원

듣기만 해도 말이 나오는 소리 패턴 학습법!

히라가나를 몰라도, 문법을 외우지 않아도, 무작정 따라 하면 말문이 트인다!
100만 독자들이 인정한 최고의 일본어 전문가, 후지이 선생님의 노하우를 모두 모았다!

난이도	첫걸음 초급	중급 | 고급	**기간**	71일
대상	일본어를 처음 배우거나 다시 시작하려고 하는 초급 독자		**목표**	일본어 기초를 탄탄하게 다지기 일본어 기초 표현을 자유자재로 듣고 말하기

일본어 문법 무작정 따라하기

특별 부록
- 음성 강의
- 예문 mp3 파일
- 훈련용 소책자 PDF
- 학습 스케줄 PDF

후지이 아사리 지음 | 668쪽 | 26,000원

16만 독자가 선택한 일본어 문법 분야 베스트셀러!

말하는 문법도 시험 대비도 이 책 한 권으로 OK!
문법도 소리로 듣고 입으로 따라 하면 저절로 머릿속에 정리됩니다.

난이도	첫걸음 **초급 중급** 고급	**기간** 60일
대상	기초를 끝내고 문법을 체계적으로 공부하려는 학습자, 시험을 보기 전에 문법을 정리해야 하는 학습자	**목표** 일상회화와 일본어 시험에 대비해 기초 문법과 2,000개 필수 단어 끝내기